LE LIVRE

DES

PRODIGES,

ou

Histoires et Aventures merveilleuses et remarquables
de Spectres, Revenants, Esprits, Fantômes,
Démons, etc., dont les événements sont
rapportés par des personnes
dignes de foi.

A PARIS,

CHEZ LES MARCHANDS DE NOUVEAUTÉS,

1846

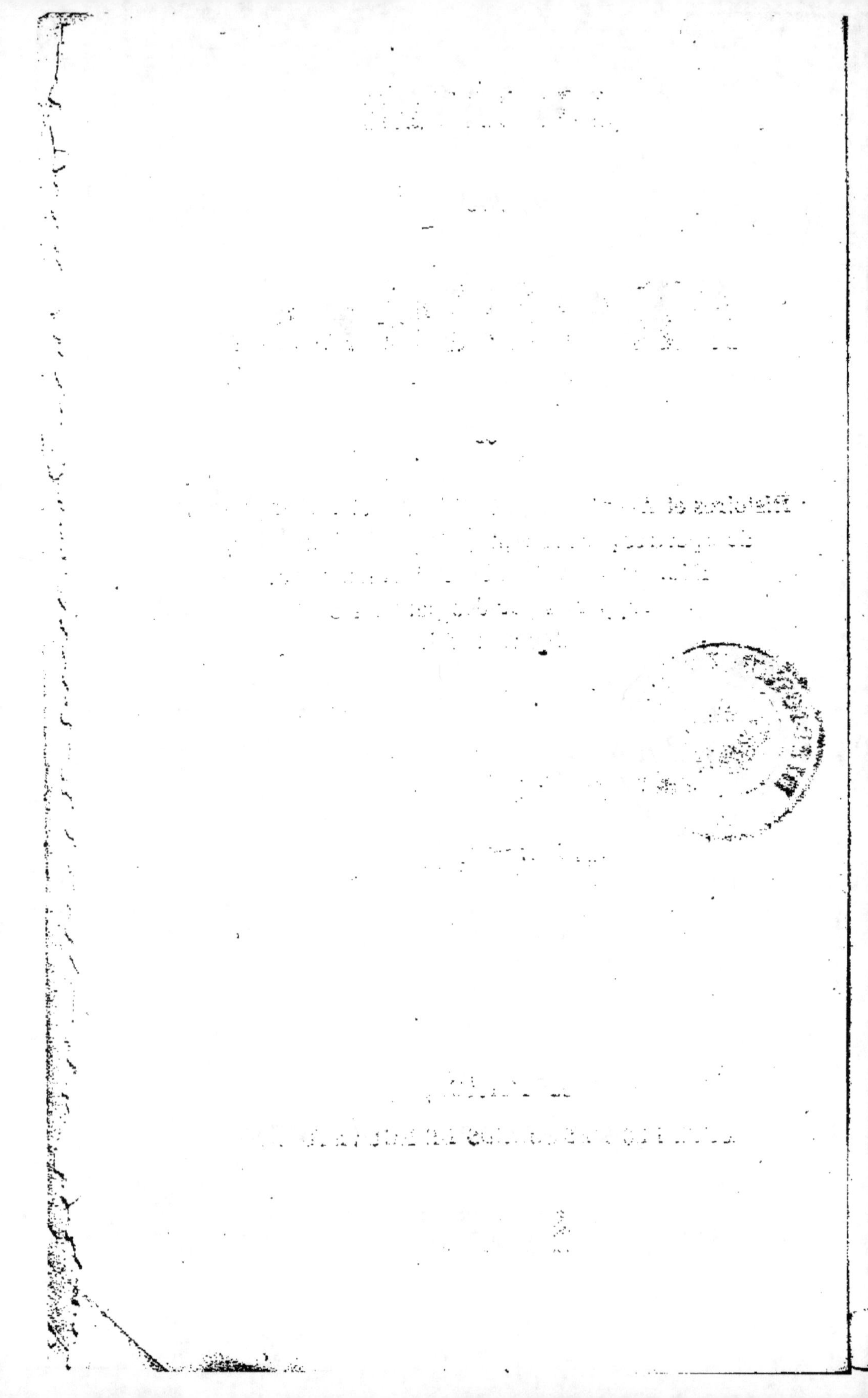

Ayant appris (dit un jeune homme) que la fille d'un des principaux de la ville était morte, et qu'ayant été revêtue d'habits fort précieux, on l'avait enterrée hors de la ville, l'habitude où j'étais de faire le mal, me porta à entrer la nuit dans son sépulcre, où l'ayant entièrement dépouillée, sans pardonner même à sa chemise, je la laissai aussi nue que lorsqu'elle vint au monde.

Comme je voulais sortir, elle se leva, et avec sa main gauche elle prit ma main droite, et me dit : O le plus méchant et le plus scélérat de tous les hommes ! est-il possible que tu aies eu la hardiesse de me mettre ainsi toute nue ? Que si l'appréhension des jugements de Dieu et de la damnation éternelle n'est pas capable de te donner de la crainte, au moins devais-tu avoir pitié de moi après ma mort ; et faisant profession d'être chrétien, n'as-tu pas eu honte de laisser ainsi une chrétienne toute nue? N'as-tu pas révéré mon sexe, ce sexe auquel tu dois la vie? et n'as-tu point appréhendé, en m'outrageant de la sorte, d'outrager aussi ta mère? Misérable! et plus misérable qu'on ne saurait dire, lorsqu'il te faudra comparaître devant le tribunal redoutable de Jésus-Christ, quelle raison lui pourras-tu rendre du crime que tu viens de commettre contre moi? Nul étranger, durant ma vie, n'a vu mon visage; et toi, après ma mort, tu es entré dans mon sépulcre, tu m'as dépouillée et tu as regardé mon corps nu.

Ce spectacle et ces paroles me remplirent, dit le jeune homme, d'une si étrange terreur, que, tout tremblant et transi de crainte, à peine lui pus-je dire: laissez-moi aller, et je ne ferai de ma vie rien de semblable.

Elle me répondit: il n'en ira pas ainsi. Tu es entré dans mon sépulcre quand tu as voulu, mais tu n'en sortiras pas quand tu voudras: il nous sera commun à tous deux, et ne t'imagine pas d'y mourir à l'heure même; tu y seras tourmenté durant plusieurs jours, et puis tu rendras ta malheureuse âme, que tu n'as point craint de perdre par un péché si détestable.

Alors redoublant mes prières et les accompagnant de mes larmes, afin qu'elle me laissât aller, je la conjurai par le Dieu tout-puissant d'avoir compassion de moi, et lui promis avec serment qu'il ne m'arriverait jamais de retomber dans de telles fautes.

Enfin, se laissant fléchir par tant de prières, de larmes et de soupirs, elle me répondit : si tu veux sauver ta vie et te délivrer d'un tel malheur, promets-moi donc que, si je te laisse aller, non-seulement tu renonceras à ces actions abominables, mais tu renonceras aussi au siècle et te rendras dès-à-présent solitaire pour servir Jésus-Christ et faire pénitence de tes crimes.

Je le lui jurai en ces termes : Je proteste par le Dieu à qui je dois rendre mon âme, d'accomplir non-seulement ce que vous venez de m'ordonner, mais de ne rentrer pas même dans ma maison, et d'aller tout de ce pas dans un monastère.

Alors elle me dit : Revêtez-moi donc comme je l'étais. Ce qu'ayant fait, elle se remit en l'état qu'elle était auparavant, et puis retourna dans son repos ; et moi j'exécutai fidèlement ma promesse. *Vie des Pères du Désert, tom. 3, chap. 18, de la traduction de M. Arnaud d'Andilly.*

Le comte de la ville de Mâcon , homme très-violent, exerçait une espèce de tyrannie contre les ecclésiastiques et contre ce qui leur appartenait, sans se mettre en peine de cacher ou de colorer ses violences : il les exerçait hautement et s'en faisait gloire. Un jour qu'il était assis dans son palais, accompagné de quantité de nobles personnes, on y vit entrer un inconnu à cheval, qui s'avança jusqu'à lui , et lui dit qu'il avait à lui parler, et qu'il le suivît. Le comte se lève et le suit. Etant arrivé à la porte, il y trouva un cheval préparé ; il monte dessus et aussitôt il est transporté dans les airs, criant d'une voix terrible à ceux qui étaient présents: A moi ! au secours ! Toute la ville accourut au bruit ; mais bientôt on le perdit de vue, et on ne douta pas que le démon ne l'eût emporté pour être compagnon de ses supplices et pour porter la peine de ses excès et de ses violences.

Pierre le vénérable , abbé de Cluni , rapporte ce fait extraordinaire, arrivé de son temps , et vu par toute la ville de Mâcon, dans son ouvrage intitulé: *Petrus venerab.*, *Lib.* 2, *de Miraculis*, *c.* 1, *page* 1299.

Le Comte Despilliers le père, étant jeune, et capitaine des cuirassiers, se trouva en quartier d'hiver en Flandre. Un de ses cavaliers vint un jour le prier de le changer d'hôtes, disant que toutes les nuits il revenait dans sa chambre un esprit qui ne le laissait pas dormir. Le comte Despilliers renvoya son cavalier et se moqua de sa simplicité. Quelques jours après, le même cavalier vint lui faire la même prière, et le capitaine, pour toute réponse, voulut lui décharger une volée de coups de bâton, qu'il n'évita que par une prompte fuite. Enfin il revint une troisième fois à la charge, et protesta à son capitaine qu'il ne pouvait plus résister, et qu'il serait obligé de déserter si on ne le changeait de logis. Despilliers, qui connaissait le cavalier pour brave soldat et fort raisonnable, lui dit en jurant: Je veux aller cette nuit coucher avec toi, et voir ce qui en est.

Sur les dix heures du soir le capitaine se rend au logis de son cavalier; et ayant mis ses pistolets, en bon état, sur la table, se couche tout vêtu, son épée à côté de lui, près de son soldat, dans un lit sans rideaux. Vers minuit il entend quelque chose qui entre dans la chambre, et qui en un instant, met le lit sans dessus dessous, et enferme le capitaine et le soldat sous

le matelas et la paillasse. Despilliers eut toutes
les peines du monde à se dégager et à retrouver
son épée et ses pistolets, et s'en retourna chez
lui fort confus. Le cavalier fut changé de logis
dès le lendemain, et dormit tranquillement
chez un nouvel hôte.

M. Despilliers racontait cette aventure à qui
voulait l'entendre : c'était un homme intrépide
et qui n'avait jamais su ce que c'était de reculer.
Il est mort maréchal de camp des armées de
l'empereur Charles VI, et gouverneur de la for-
teresse de Ségedin.

Il arriva à Paris, le premier de janvier 1613,
pendant que les pluies qui nous ont si longtemps
tourmenté duraient encore, qu'un jeune gentilhomme de cette ville, lequel retournait vers les
quatre heures après dîner, de quelque compagnie avec laquelle il avait passé une bonne
partie du jour, il rencontre, dans une petite
allée, une jeune demoiselle bien en ordre, ayant
apparence de quelque courtisanne, bien vê-
tue d'une robe de taffetas découpé, enrichie d'un
collier de perles et de plusieurs autres joyaux,
beaux et bien apparents, laquelle, comme

étonnée, et toutefois d'une façon riante, s'a-
dressa au gentilhomme, et lui dit : Monsieur,
quoique l'injure du temps ne me permette pas
de me mettre à sa merci, j'aimerais toutefois
mieux m'y exposer que de dire que je puisse
apporter la moindre incommodité du monde,
occupant ici, sans aucune permission, l'entrée de votre logis : que si c'est une chose que
je puisse faire sans votre mécontentement,
je vous en serai autant obligée toute ma
vie, que pas une de celles qui aient jamais eu
l'honneur d'être vos plus affectionnées servante. Le gentilhomme considérant ce que la
demoiselle pouvait être, jugeant de l'honnêteté
de laquelle elle avait usé, crut qu'il était de
son devoir de lui rendre la pareille, tant de paroles que d'effets, et pour cela il lui dit : Made-
moiselle, je suis grandement fâché de ce que
ma venue a été trop tardive pour vous pouvoir
témoigner le service que j'ai voué de tout temps
aux dames, et principalement à celles de votre
qualité ; et pour vous le faire connaître, je ne
vous offre pas seulement le logis, mais ce qui
dépend de moi, et ce que vous croyez être en
ma puissance, où je vous pourrai rendre mes
très-humbles services, et cependant je vous sup-
plierai de prendre la peine d'entrer, en atten-

dant que la pluie soit passée. La demoiselle lui dit : Monsieur, je n'ai jamais mérité l'offre que vous me faites, et je m'en revengerai, en quelque part que ce soit où l'occasion s'en présentera ; mais je vous prierai seulement de me permettre que j'attende ici mon carrosse, que j'ai envoyé quérir par mon laquais. Non, dit le gentilhomme, vous m'obligerez de venir prendre une chétive collation, en attendant votre carrosse ; et quoique vous ne soyez pas reçue selon votre qualité et votre mérite, je m'efforcerai de vous rendre ce qui sera de mon devoir.

Enfin, après plusieurs contestations de part et d'autre, la demoiselle entra, et se colérait extrêmement de ce que son laquais ne venait pas. La journée se passe sans que le laquais eût de jambes, ni le carrosse de roues pour venir. L'heure du souper étant venue, le gentilhomme s'efforce de la traiter le mieux qu'il pût. Lorsque s'approche le temps de se coucher, la demoiselle le supplie que, puisqu'il lui a fait tant d'honneur de la retirer, qu'il lui fasse encore ce bien, que de lui donner un lit à elle seule, vu qu'il ne serait pas séant à une jeune demoiselle d'admettre quelqu'un à sa couche ; ce qu'il octroya facilement. En se déshabillant, le gentilhomme lui tint quelques discours amoureux, auxquels il trouvait qu'elle répondait comme savante, ce qui l'émut ; et croyant qu'il obtiendrait d'elle facilement ce qu'il désirait, la laissa se coucher ; puis poussé par l'audace qui appartient à l'amour seul de donner, il sonde le gué, et va la trouver à son lit, feignant de s'enquérir si elle était bien ou non, et peu-à-peu en discourant, il lui coula la main sur le sein, ce qu'elle endura ; enfin, après plusieurs poursuites, il obtint quelques baisers qui allumèrent le feu en son âme, la flamme duquel consume nos esprits et qui de sa fumée obscurcit les yeux de notre entendement. Voilà donc ce pauvre abusé qui a bien de la peine à obtenir ce qu'on lui voudrait avoir accordé. Enfin, après une infinité de prières, ce qu'il désire lui est permis ; soudain il se couche. Pendant que la nuit se passe, il fait un songe qui le tourmente fort, touchant celle qui était couchée auprès de lui. Le matin étant donc venu il se lève, et craignant que quelqu'un ne le vînt voir, et que voyant cette demoiselle, on en pensât quelque chose, il l'envoie éveiller par son laquais, auquel elle répondit qu'elle n'avait point dormi de la nuit, et qu'il lui permît de s'en dédommager sur la matinée ; à quoi le laquais ne répondit rien, rapporta cela à son maître, lequel, après avoir fait quelques petits tours de ville, retourna avec quelques-uns de ses amis, et ne les voulait faire monter en sa chambre, que premièrement il n'eût envoyé son homme avertir la demoiselle qu'elle sortît. Toutefois, il résolut d'y aller lui-même, afin de s'excuser, envers elle, si elle n'avait été mieux traitée ; où étant parvenu, il tire le rideau et l'ayant appelée par quelques noms amoureux, il la voulut prendre par le bras ; mais il la sentit aussi froide qu'un glaçon, et sans pouls ni haleine quelconque : de quoi effrayé, il appelle son hôte, mais en vain ; car icelui étant arrivé, accompagné de plusieurs autres, on la trouva toute raide morte. Alors on fit venir la justice et des médecins, lesquels tout d'un accord, dirent que c'était le corps d'une femme, laquelle depuis quelque temps avait été perdue, et que c'était un diable qui s'était revêtu de son corps pour décevoir ce pauvre gentilhomme.

Ils n'eurent pas plutôt proféré ces paroles, qu'à la vue de tous, il s'élève une grosse et obscure fumée dans le lit, qui dura environ l'espace d'un *Pater*, et avec une puanteur extrême : elle leur offusqua les sens de telle sorte, qu'ils perdirent de vue, sans savoir comment s'était échappée, celle qui était dans le lit ; enfin cette fumée petit à petit se diminuant, disparut; et ne trouvèrent que la place où était cette charogne. Lors tous généralement déploraient l'accident survenu à ce pauvre gentilhomme, lequel je vous le laisse à penser, s'il était étonné d'avoir habité toute la nuit avec un démon, être arrivé à son sujet une chose si prodigieuse et si difficile à croire. Si ce n'était que le témoignage de ceux qui l'ont vu nous l'apprend, et à la suffisance de ceux qui étaient présents, nous le doit confirmer.

Pierre d'Engelbert étant un jour dans son lit, bien éveillé, vit dans sa chambre, pendant un grand clair de lune, un nommé Sanche, qu'il avait, quelques années auparavant, envoyé à ses frais au secours d'Alphonse roi d'Aragon, qui faisait la guerre en Castille. Sanche était retourné de cette expédition sain et sauf. Quelque temps après il tomba malade, et mourut dans sa maison.

Quatre mois après sa mort, Sanche se fit voir à Pierre d'Engelbert. Sanche était tout nud, n'ayant qu'un haillon qui couvrait ce que la pudeur veut qu'on tienne caché. Il se mit à découvrir les charbons du feu, comme pour mieux

se chauffer, ou pour se faire mieux distinguer.
Pierre lui demanda qui il était. Je suis, repondit-
il d'une voix cassée et enrouée, Sanche, votre
serviteur. Et que viens-tu faire ici ? Je vais, dit-
il, en Castille avec quantité d'autres, afin d'ex-
pier le mal que nous avons fait pendant la
guerre dernière, aux même lieux ou il a été
commis. En mon particulier, j'ai pillé les ornements d'une église, et je suis condamné pour
cela à faire ce voyage. Vous pouvez beaucoup
m'aider par vos bonnes œuvres; et madame
votre épouse qui me doit encore 8 sous du reste
de mon salaire, m'obligera infiniment de les
donner aux pauvres en mon nom.

Pierre lui demanda des nouvelles d'un nommé
Pierre de Fais, son ami, mort depuis peu.
Sanche lui dit qu'il était sauvé. Et Bernier, notre
citoyen, qu'est-il devenu ? il est damné, dit-il,
pour s'être mal acquitté de son office de juge,
et pour avoir vexé et pillé la veuve et l'inno-
cent. Pierre ajouta : pourriez-vous me dire des
nouvelles d'Alphonse roi d'Aragon, mort depuis
quelques années ? alors un autre spectre, que
Pierre n'avait pas encore vu, et qu'il remarqua
distinctement au clair de la lune, assis dans
l'embrasure de la fenêtre, lui dit : ne lui deman-
dez pas des nouvelles du roi Alphonse; il ne peut

pas vous en dire, il n'y a pas assez longtemps qu'il est avec nous pour en savoir quelque chose. Pour moi qui suis mort il y a cinq ans, je puis vous en apprendre des nouvelles. Alphonse a été avec nous pendant quelque temps; mais les moines de Cluni l'en ont tiré: je ne sais où il est à présent. En même temps adressant la parole à Sanche, son compagnon : allons, lui dit-il, suivons nos compagnons, il est temps de partir. Sanche réitéra ses instances à Pierre, son seigneur, et sortit de la maison.

Pierre éveilla sa femme qui était couchée auprès de lui, et qui n'avait rien vu, ni rien ouï de ce dialogue, et lui demanda : Ne devez-vous rien à Sanche, ce domestique qui nous a servis, et qui est mort depuis peu? Je lui dois encore huit sous, répondit-elle. A ces marques Pierre ne douta plus de la vérité de ce que Sanche lui avait dit, donna aux pauvres ces huit sous, y en ajouta beaucoup du sien, et fit dire des messes et des prières pour l'âme du défunt.

Pierre d'Engelbert, qui, après avoir vécu longtemps dans ce siècle, où il était en réputation de valeur et d'honneur, s'était retiré, après la mort de sa femme, dans l'ordre de Cluni, raconta cet entretien en présence des évêques d'Oleron et d'Orman en Espagne, et de plusieurs religieux, à Pierre le vénérable, abbé de Cluni, qui le rapporte dans son ouvrage intitulé : *Petrus venerab., abb. Cluniæ, de mirac. l. 1, c. 28, p. 1293.*

Vers le commencement du 16e siècle, deux marchand du Milanais voulant aller à la foire de Lyon, rencontrèrent, sur le Mont-Cénis, proche d'un pont communément appelé le pont du Diable, à cause d'un vent continuel qui y souffle, un homme assez grand qui leur présenta une lettre, et leur dit de s'en retourner et de rendre cette lettre à son frère Louis. Etonnés de cette commission, ils lui demandèrent qui il était. L'esprit répondit : Je suis Galéas Sforta, et disparut.

Les marchands retournèrent à Milan, et de là à Vigevano, où le duc de Milan était alors, et lui rendirent la lettre ; mais ils furent arrêtés et mis en prison, et ensuite à la question. Cependant ayant toujours demeuré fermes dans leur dire, ils furent remis en liberté. Un conseiller du duc, nommé Vincent Galéas, prit la la lettre, qui était écrite sur du papier, et pliée comme on a accoutumé de plier les lettres en Italie, cachetée d'un fil d'archal fort fin ; elle contenait ce qui suit :

Louis, Louis, prends garde à toi, les Français et les Vénitiens font une alliance ensemble contre toi pour te ruiner ; mais si tu me veux fournir trois mille pistoles, je tâcherai de réconcilier les esprits. Adieu.

La souscription ou la signature était : *L'esprit de ton frère Galéas.*

Chacun était surpris de cette aventure ; quelques-uns la regardèrent comme une plaisanterie ; cependant la plus grande partie était du sentiment de mettre les trois mille pistoles en dépôt, pour répondre, en quelque manière au désir de Galéas ; mais le duc ne voulut pas y consentir, et crut qu'on se moquerait de lui.

La chose pourtant se trouva vraie ; car avant la fin de l'année, le duc Louis fut pris par les Français et les Vénitiens, qui, s'étant ligués contre lui, lui faisaient la guerre, et le menèrent en France où il mourut en prison.

———

La nuit du mercredi 16 juillet 1620, apparurent, entre le château de Lusignan et le parc, comme droits sur la rivière , deux hommes de feu extrêmement puissants , armés de toutes pièces, dont le harnois était tout enflammé , avec un glaive tout en feu en une main, et une lance toute flambante en l'autre, de laquelle dégoûtait du sang , et se rencontrant comme cela , armés tous de semblables défenses , et d'une même qualité, se combattirent longtemps ; tellement qu'à la fin, il y en eut un des deux qui fut blessé, et en tombant, fit un si horrible cri, qu'il réveilla plusieurs habitants dela haute et basse ville, et étonna la garnison, qui veillait pour lors. Sitôt après cette batterie finie, on vit comme une longue souche de feu qui passa la rivière et s'en alla dans le parc, suivie de plusieurs monstres de feu , comme des singes ; et quelques pauvres gens qui étaient allés dans la forêt pour apporter quelque peu de bois , pour travailler et brûler, rencontrèrent ce prodige , dont bien éonnés, pensèrent mourir, et entre autres un pauvre ouvrier de bois de galoche, qui en eut tellement appréhension , que la peur lui causa une grosse fièvre qui ne l'a point quitté. Ce ne fut pas tout ; car ainsi que les soldats étaient tous en alarme du cri qu'avait fait cet homme de feu, s'en étaient allés sur les murailles pour voir, il passa sur eux une grande troupe d'oiseaux, les uns noirs, les autres blancs, criant tous d'une voix hideuse et épouvantable, et avaient deux flambeaux qui les précédaient, et une figure en propre forme d'homme qui les suivait, faisant le hibou. De cette vision furent-ils bien épouvantés, et leur tardait beaucoup qu'il ne fût déjà jour pour le rapporter aux habitants, et les habitants qui l'avaient vu, leur ennuyait extrêmement que le jour ne parût, pour s'enquérir des soldats s'ils ne s'étaient point trompés.

En 1609, un gentilhomme demeurant en Silésie, ayant convié quelques amis, et l'heure du somptueux festin venue, se voyant frustré par l'excuse des conviés, entre incontinent en colère, et commence à dire : Puique nul homme ne daigne être chez moi, que tous les diables y viennent ! Quoi dit, il sort de sa maison et entre à l'église, où le curé prêchait, lequel il écoute assez longtemps et attentivement. Comme il était là, voici entrer en la cour du logis des hommes à cheval, de hautes parures et tous noirs, qui commandent au valet de ce gentilhomme d'aller dire à son maître que ses hôtes étaient venus. Le valet, tout effrayé, court à l'église avertir son maître, lequel, bien étonné, demande au curé son avis.

Icelui finissant son sermon, conseilla qu'on fasse sortir toute la famille hors du logis : aussitôt dit, aussitôt exécuté ; mais de hâte que ces gens eurent de déloger, ils laissèrent dedans la maison un petit enfant, dormant au berceau. Ces hôtes, ou pour mieux dire, ces diables, commencent à remuer les tables, à hurler, à regarder par les fenêtres, en forme d'ours, de loups, de chats, d'hommes terribles, tenant en mains des verres pleins de vin, des poissons, de la chair bouillie et rôtie. Comme les voisins, le gentilhomme, le curé et autres contemplaient avec frayeur un tel spectacle, le pauvre père commence à crier : Hélas ! où est mon pauvre enfant ? Il avait encore le dernier mot à la bouche, quand un de ces hôtes noirs apporte en ses bras l'enfant aux fenêtres et le montre à tous ceux qui étaient en la rue. Le gentilhomme, tout éperdu, se prend à dire à un de ses serviteurs auquel il se fiait le mieux : Mon ami, que ferai-je ? Monsieur, répondit le serviteur, je mettrai et recommanderai ma vie à Dieu, et puis au nom d'icelui j'entrerai en la maison, d'où, moyennant sa faveur et son secours, je vous rapporterai l'enfant. A la bonne heure, dit le maître, Dieu t'accompagne, t'assiste et te fortifie. Le serviteur ayant reçu la bénédiction de son maître, du curé et d'autres gens de bien qui l'accompagnaient, entre au logis, et approchant du poêle où étaient ces hôtes ténébreux, se prosterne à genoux, se recommande à Dieu, puis ouvre la porte, et voici les diables en horribles formes, les uns assis, les autres debout, autres rampant au plancher, qui tous accourant contre lui, crièrent ensemble : Hui, hui, hui, que viens-tu faire céans ? Le serviteur suant de détresse, et néanmoins fortifié de Dieu, s'adresse au malin esprit qui tenait l'enfant, et lui dit : Çà, baille-moi cet enfant. Non ferai, répond l'autre, il est mien ; vas dire à ton maître qu'il vienne le recevoir. Le serviteur insiste, et dit : Je fais la charge que Dieu m'a commandée, et sais que tout ce que je fais selon icelle lui est agréable. Partant, à l'égard de mon office, au nom, en l'assistance et en vertu de Jésus-Christ, je t'arrache et saisis cet enfant, lequel je rapporte à son père. Ce disant, il empoigne l'enfant, puis le serre étroitement entre ses bras. Les hôtes noirs ne répondent que cris effroyables, et par ces mots : Hui, hui, hui, méchant garnement, laisse, laisse cet enfant, autrement nous te dépécerons. Mais lui, méprisant leurs menaces, sortit sain et sauf, et rendit l'enfant de même entre les mains du gentilhomme son père. Quelques jours après tous ces hôtes s'évanouirent, et le gentilhomme, devenu sage et bon chrétien, retourna en sa maison.

En l'année 1663, un particulier, homme marié, riche et de bonne famille, demeurait en une maison à porte cochère, vers le milieu de la rue des Ecoufles, à Paris, et occupait le corps de logis de derrière, où l'on entrait en passant par une grande cour. Sa famille consistait en sa femme et un fils, âgé de cinq ans ou environ, qui leur restait seul de six autres enfants qu'ils avaient eu ensemble. Le père de cette dame était vieux et infirme, d'une agréable conversation, et leur rendait souvent visite. Peu de temps avant son décès, il les alla voir, et témoigna à la dame sa fille, qu'il venait leur dire adieu avant son départ. Elle l'embrassa avec affection, et appelant son fils qui jouait dans la cour avec d'autres enfants, elle lui dit de venir saluer son grand-papa, et lui montrer le bel habit qu'elle lui avait fait faire. Il en parut fort content, et baisant tendrement son petit-fils, lui dit : Va, va, mignon, je te ferai porter dans peu un petit habit noir qui vaudra bien mieux que celui-là. Fi donc, mon père, répondit la dame, de quoi nous parlez-vous là ? ne pensons pas à des choses si tristes. Ah ! ma fille, reprit le père, je me sens bien, j'approche du terme qui m'est prescrit ; mais la volonté de Dieu soit faite : je vous viendrai voir encore une fois. Après ces mots, il sortit, et partit le lendemain pour Crécy en Brie, où ses affaires l'appelaient. Y étant arrivé, il se trouva fort mal, et comme on le vit en danger, un ami commun en fit savoir la nouvelle au gendre, auquel il manda qu'il lui conseillait de venir en diligence. Dès que la lettre fut reçue, ce particulier envoya quérir deux chevaux de poste, et partit avec son valet pour l'accompagner ; ensorte qu'ils arrivèrent à Crécy vers les quatre heures du soir. Ils trouvèrent le malade presque à l'extrémité, avec un reste de connaissance, dont ils profitèrent utilement pour lui faire recevoir les sacrements. Le malade empirant, il entra en agonie, et mourut le lendemain vers les onze heures du soir. Le gendre prit soin de l'enterrement, et fit faire au défunt un convoi honorable. Il régla ensuite quelques affaires de la succession, et donna les ordres nécessaires ; ce qui l'obligea de différer quelque temps son retour.

Pendant son absence, sa femme, qui était demeurée à Paris, et qui aimait aussi tendrement son cher père qu'elle en était chérie, et avait su, par la lettre d'avis, le danger où il se trouvait, était inconsolable, et ne faisait que pleurer. Elle était restée avec son fils, une femme de chambre, une cuisinière et un laquais. Comme elle était naturellement peureuse, elle avait fait dresser pour sa femme de chambre un petit lit auprès du sien, afin de se rassurer par sa présence, et couchant avec son fils bien aimé, âgé de cinq ans, ou environ, dont elle ne pouvait se séparer.

La femme de chambre, de son côté, pour avoir un second, mettait sur les pieds de son lit le chien de la maison, pour faire le guet et être son défenseur. La règle était si bien observée dans le logis, que chacun était au lit avant dix heures du soir.

Il arriva que le même jour que ce cher père mourut, nos fidèles gardiennes, après de grandes agitations, commençaient à peine à goûter la douceur d'un tranquille sommel, lorsque vers les onze heures du soir elles furent réveillées tout-à-coup par un grand bruit qui se fit à l'une des fenêtres de leur chambre du côté de la cour. Les croisées et les volets, suivant la mode du temps, étaient partagés en plusieurs panneaux. Quoique tout eût été bien fermé, un panneau d'en haut et son volet s'entr'ouvrirent sans effraction, d'une manière surnaturelle, et l'on entendit le frottement comme d'une personne ayant un habit de soie ou de taffetas, qui entrait de force par ce panneau dans la chambre. Jugez quelle épouvante causa à la maîtresse et à la femme de chambre un prodige si surprenant : la frayeur les rendit toutes tremblantes, et elles ne trouvèrent plus de voix pour parler. Le chien, au premier bruit qu'il avait entendu, s'était précipité du lit en bas, et courait toujours en hâletant, d'un bout de la chambre à l'autre, comme tout éperdu ; il était si troublé, qu'il se heurtait et cognait la tête contre les murs et les chaises, avec aussi peu de ménagement que s'il eût été insensible aux coups qu'il se donnait. Il continua ce fatigant manège jusqu'au jour, que n'en pouvant plus, il tomba de sueur et de lassitude, se coucha par terre et s'y endormit : il le fit si profondément pendant deux jours entiers, qu'on ne put le réveiller pour le faire manger. Le matin le panneau et le volet de la fenêtre se trouvèrent encore ouverts. Il est à croire que l'esprit s'était apparu au chien sous une forme visible, différente de tout ce qu'il avait vu jusqu'alors; ce qui lui avait causé ces agitations si inouies, et que c'est là cette dernière visite que le défunt promit de rendre à sa fille. En effet, le lendemain elle reçut une lettre de son mari, par laquelle il lui faisait savoir tout ce qui s'était passé à Crécy jusqu'au temps du décès de son père. Par cette lettre il paraît qu'il était mort à Crécy le même jour et à la même heure que l'apparition de l'esprit s'était faite à Paris. Elle fit dire plusieurs messes pour le repos de son âme; depuis lequel temps l'on n'a plus rien vu ni entendu de surnaturel dans la maison.

Ce fait est tiré d'un manuscrit de M. Barré, auditeur des comptes.

Vers 1570, un jeune homme, nommé Vasquès de Ayola, étant allé à Bologne avec deux de ses compagnons pour y étudier en droit, et n'ayant pas trouvé dans la ville un logement tel qu'ils le souhaitaient, ils se logèrent dans une grande et belle maison, mais abandonnée, parce qu'il y revenait un spectre qui effrayait tous ceux qui y voulaient demeurer. Ils se moquèrent de ces discours, et s'y logèrent.

Au bout d'un mois, Ayola, veillant seul dans sa chambre, et ses compagnons dormant tranquillement dans leurs lits, il ouït venir de loin comme plusieurs chaînes qu'on traînait par terre, et dont le bruit s'avançait vers lui par l'escalier de la maison; il se recommanda à Dieu, fit le signe de la croix, prit un bouclier et une épée, et ayant sa bougie en main, il vit ouvrir la porte par un spectre terrible, n'ayant que les os, mais chargé de chaînes. Ayola le conjura, et lui demanda ce qu'il souhaitait. Le fantôme lui fit signe de le suivre. Il le suivit; mais en descendant l'escalier, sa lumière s'étant éteinte, il alla la rallumer, et suivit l'esprit, qui le conduisit le long d'une cour où il y avait un puits. Ayola craignit qu'il ne voulût l'y précipiter, et s'arrêta. Le spectre lui fit signe de continuer à le suivre : ils entrèrent dans le jardin, où le fantôme disparut. Ayola arracha quelques poignées d'herbe sur le lieu, et retourna raconter à ses compagnons ce qui lui était arrivé. Le matin il en donna avis aux principaux de Bologne.

Ils vinrent reconnaître l'endroit, et y firent fouiller. On y trouva un corps décharné, mais chargé de chaînes. On s'informa qui ce pourrait être ; mais on n'en put rien découvrir de certain. On fit faire au mort des obsèques convenables, on l'enterra, et depuis ce temps la maison ne fut plus inquiétée.

Ce fait est rapporté par Antoine Torquemada, dans son ouvrage intitulé : *Les Fleurs curieuses*.

Quelques années avant la mort du pape Léon IX, mort en 1059, on vit passer par la ville de Narni une multitude infinie de personnes vêtues de blanc, et qui s'avançaient du côté de l'orient : cette troupe défila depuis le matin jusqu'à trois heures après midi ; mais, sur le soir, elle diminua notablement. A ce spectacle toute la ville de Narni monta sur les murailles, craignant que ce ne fût des troupes ennemies, et les vit défiler avec une extrême surprise.

Un bourgeois, plus résolu que les autres, sortit de la ville, et ayant remarqué dans la foule un homme de sa connaissance, l'appela par son nom, et lui demanda ce que voulait dire cette multitude de voyageurs ; il lui répondit : Nous sommes des âmes qui, n'ayant point expié nos péchés, et n'étant point encore assez pures pour entrer au royaume des cieux, allons ainsi dans les saints lieux, dans un esprit de pénitence ; nous venons actuellement de visiter le tombeau de saint Martin, et nous allons de ce pas à Notre-Dame de Farfe. Cet homme fut tellement effrayé de cette vision, qu'il en demeura malade pendant un an entier. C'est lui-même qui raconta la chose au pape Léon IX. Toute la ville de Narni fut témoin de cette procession, qui se fit en plein jour.

Une nuit, bien tard, chacun dormant au camp de Brutus, comme il était en son pavillon avec peu de lumière, discourant quelque chose profondément en lui-même, il lui sembla qu'il ouït entrer quelqu'un, et jetant sa vue à l'entrée de son pavillon, il aperçut une monstrueuse et épouvantable figure d'un corps humain, maigre, sec, horrible, lequel se présenta à lui sans dire mot. Mais Brutus, sans s'étonner davantage de cette vision, lui demanda s'il était Dieu ou homme, et qu'elle occasion le menait. Le fantôme lui répondit : Je suis ton mauvais ange, Brutus, tu me verras derechef à Philippe. Brutus, sans se troubler : Eh bien ! je t'y verrai donc. Lors ce fantôme disparut. Et la nuit qui précéda la mort de Brutus, peu avant qu'il donnât la bataille à Octave et à Antoine, à Philippe, où il se tua de ses propres mains, le même fantôme se présenta deréchef à lui, en la même forme et figure, et puis disparut sans lui mot dire.

Ce fait est raconté par Plutarque Apian, au quatrième livre, ch. dernier, des *Guerres civiles*.

Le vingt-septième jour de mai 1582, en la ville capitale du duché de Brabant, dite d'Anvers, et en langue flamande Opdemer, se trouva une jeune et belle au possible et fort aimable fille, au demeurant riche et de maison opulente, qui la rendait d'autant fière et orgueilleuse à ses désirs charnels, ne cherchant tous les jours que les moyens, par le fard et les habits somptueux, à complaire à une infinité de mignons qui lui faisaient la cour. Cette fille, suivant la coutume, est envoyée et invitée à certaines noces d'un des amis de son père, qui se mariait. Elle n'y voulant faillir, et aise au possible de se trouver à un tel festin pour paraître en beauté et bonne grâce par-dessus toutes les dames et filles, se décora et accommoda de ses meilleurs et plus somptueux vêtements, n'oubliant, sur toutes choses, se farder de vermillon et autres diverses drogues propres en tel art, tirée de l'exercice et attrayante accoutumée des Italiennes courtisannes, même de joindre à ses cheveux une frisée et grande rattepennage, attachée d'épingles d'argent, et pour élucider cette somptuosité et superstition de bravade, (comme il est vraisemblable que les flamandes surtout aiment le beau linge, ayant les toiles fines à commandement) fit faire quatre ou cinq collets, dont l'aune de toile coutait neuf écus. Ces collets achevés, elle mande une empeseuse de la ville, à laquelle pria de lui en empeser deux fort magnifiquement, afin de lui servir pour le jour et le lendemain des noces, lui promettant pour sa peine la valeur de vingt-quatre sols. L'empeseuse, au mieux qu'il lui fut possible, empèse lesdits collets ; mais ils ne se trouvèrent au gré de ladite fille, qui à l'instant envoya quérir une autre empeseuse, à laquelle elle bailla lesdits collets et sa coiffure pour l'empeser, moyennant un écu sol, qu'elle lui promit bailler, pourvu que le tout fût accommodé mignonnement. Cette seconde empeseuse mit toutes ses forces à bien accommoder lesdites fraises et coiffures ; mais elle ne put si bien faire que cela fût au gré de la jeune fille, qui, dépitée et et comme enragée, reprend et jette de dépit, par la chambre, ses atifés, coiffures et collets, jurant et blasphémant le nom de Dieu, qu'elle aimerait mieux que le diable l'emportât, que de se transporter aux noces revêtue d'une telle sorte. La pauvre et forcenée fille n'eut sitôt achevé ses propos, que le diable qui était aux aguets, ayant pris l'apparence d'un des plus favorisés amoureux de ladite fille, se présente à elle ayant les fraises à son col, bien dressées et accommodées ; la fille, abusée, le voyant et estimant celui-ci être un de ses principaux mignons, lui commence à dire doucement : Mon grand ami, qui est-ce qui vous a si bien dressé vos fraises, elles sont ainsi que je le demande ? L'esprit malin à l'instant répond que lui-même les avait ainsi dressées ; et ce disant, les ôta de son col, et les mit joyeusement à celui de la fille, au grand contentement et appétit désordonné d'icelle ; puis, pour la perfection de ce stratagème, ce maudit Satan, qui ne prétendait autre chose qu'à perdre l'âme, embrasse la pauvrette par le milieu du corps, feignant de la vouloir baiser, et avec un horrible et épouvantable cri, lui tord et rompt misérablement le col, et la laisse morte et inanimée sur le plancher de ladite chambre. Ce cri fut si haut, qu'étant entendu par le père de la fille et ceux de la maison, il leur donna incontinent le présage de quelque malheur advenu ; et sur ces entrefaites, montent en la chambre, où ils trouvent cette fille gissante en terre roide morte, ayant le col et le visage noir et meurtri, et la bouche bleuâtre et toute défigurée, tellement que tous ceux qui regardaient cette aventure étrange demeuraient si épouvantés que les cheveux leur hérissaient et dressaient d'horreur sur leur tête. Le père et la mère criaient très-piteusement, et avec un monde de sanglots et soupirs lamentaient le désastre de leur fille. Et après avoir consulté ce qu'ils avaient à faire, firent ensevelir la fille et mettre au cercueil ; et pour n'encourir le déshonneur et note d'infamie, donnèrent à entendre aux voisins que d'une apoplexie ou autre mal ladite fille était décédée subitement. Mais Dieu, qui ne permet rien sans grande cause, ne voulut autre chose être cachée et ensevelie au tombeau d'oubli ; ainsi permit qu'elle fût manifestée à chacun, afin de servir d'exemple à nous et à la postérité, pour ne plus user de telles voies. Car comme le père eut mis ordre à l'enterrement de sa fille, et préparé les plus visibles pompes funèbres dont il se put aviser, il se trouva que quatre hommes forts et puissants ne purent jamais enlever la bière où était ce malheureux corps. Le père voyant ceci, ne voulut épargner ni or, ni argent pour honorer le corps de sa fille, et fit, outre les premiers hommes, venir encore deux, qui faisaient le nombre de six ; mais ce fut vainement, car la bière tant était lourde et pesante, qu'elle demeurait comme clouée et attachée à jamais. Ce que voyant le peuple tout épouvanté, d'un commun accord conclut que la bière serait ouverte : ce qui est fait à l'instant. Mais à l'ouverture ne se serait trouvé dedans qu'un chat noir, qui sortit dehors incontinent et disparut, sans que l'on pût savoir ce qu'il devint, tellement que la bière demeura vide et sans corps, et le pauvre père, frustré de son attente, contraint de déclarer comme le tout s'était passé à la honte de sa maison, et à la confusion et condamnation de sa fille dissolue.

Il y avait à Athènes une fort belle maison, mais abandonnée à cause d'un spectre qui y revenait. Le philosophe Athénodore étant arrivé dans cette ville, et ayant vu un écriteau qui marquait que cette maison était à vendre, et à vil prix, l'acheta et y alla coucher avec ses gens. Comme il était occupé à lire et à écrire pendant la nuit, il entendit tout-d'un-coup un grand bruit, comme de chaînes qu'on traînait, et aperçut comme un vieillard affreux, chargé de chaînes de fer, qui s'approcha de lui. Athénodore, continuant d'écrire, le spectre lui fit signe de le suivre ; le philosophe à son tour lui fit signe d'attendre, et continua d'écrire. A la fin, il prend sa lumière et suit le spectre qui le conduisit à la cour de la maison , puis rentra sous terre et disparut.

Athénodore , sans s'effrayer, arrache de l'herbe pour marquer le lieu, et s'en retourna pour se reposer dans sa chambre. Le lendemain il fait savoir aux magistrats ce qui lui était arrivé : ils viennent dans la maison , font fouiller au lieu désigné : on y trouve les os d'un cadavre chargé de chaînes ; on lui donne la sépulture, et le logis demeura tranquille.

Ce fait est rapporté par Pline le jeune. (*Plin. junior., ad Suram, lib.* 7, *c.* 27.)

Le marquis de Rambouillet, frère aîné de madame la duchesse de Montauzier, et le marquis de Précy, ainé de la maison de Nantouillet, tous deux âgés de vingt-cinq à trente ans, étaient intimes amis, et allaient à la guerre, comme y vont en France toutes les personnes de qualité. Comme ils s'entretenaient un jour ensemble des affaires de l'autre monde, après plusieurs discours qui témoignaient assez qu'ils n'étaient pas trop persuadés de tout ce qui s'en dit, ils se promirent l'un à l'autre que le premier qui mourrait viendrait en apporter des nouvelles à son compagnon. Au bout de trois mois le marquis de Rambouillet partit pour la Flandre, où la guerre était pour lors, et de Précy, arrêté par une grosse fièvre, demeura à Paris. Six semaines après, de Précy entendit, sur les six heures du matin, tirer les rideaux de son lit, et se tournant pour voir qui c'était, il aperçut le marquis de Rambouillet, en buffle et en bottes. Il sortit de son lit, et voulut sauter à son cou, pour lui témoigner la joie qu'il avait de son retour ; mais Rambouillet, reculant quelques pas en arrière, lui dit que ses caresses n'étaient plus de saison ; qu'il ne venait que pour s'acquitter de la parole qu'il lui avait donnée, qu'il avait été tué la veille en telle occasion ; que tout ce qu'on disait de l'autre monde était très-certain ; qu'il devait songer à vivre d'une autre manière, et qu'il n'avait point de temps à perdre, parce qu'il serait tué à la première occasion où il se trouverait. On ne peut exprimer la

surprise où fut le marquis de Précy à ce discours : ne pouvant croire ce qu'il entendait, il
fit de nouveaux efforts pour embrasser son ami,
qu'il croyait le vouloir abuser ; mais il n'embrassa que du vent ; et Rambouillet voyant qu'il
était incrédule, lui montra l'endroit où il avait
reçu le coup, qui était dans les reins, d'où le
sang paraissait encore couler. Après cela, le
fantôme disparut, et laissa de Précy dans une
frayeur plus aisée à comprendre qu'à décrire.
Il appela en même temps son valet de chambre,
et réveilla toute la maison par ses cris. Plusieurs personnes accoururent, à qui il conta ce
qu'il venait de voir. Tout le monde attribua
cette vision à l'ardeur de la fièvre qui pouvait
altérer son imagination. On le pria de se recoucher, lui remontrant qu'il fallait qu'il eût rêvé
ce qu'il disait. Le marquis, au désespoir de
voir qu'on le prenait pour un visionnaire, raconta toutes les circonstances qu'on vient de
lire. Mais il eut beau protester qu'il avait vu et
entendu son ami en veillant, on demeura toujours dans la même pensée jusqu'à l'arrivée de
la poste de Flandre, par laquelle on apprit la
mort du marquis de Rambouillet. Cette première circonstance s'étant trouvée véritable, et
de la manière que l'avait dit de Précy, ceux à

qui il avait conté l'aventure, commencèrent à croire qu'il en pouvait être quelque chose, parce que Rambouillet ayant été tué précisément la veille du jour qu'il l'avait dit, il était impossible qu'il l'eût appris naturellement. Cet événement s'étant répandu dans Paris, on crut que c'était l'effet d'une imagination troublée, ou un conte fait à plaisir ; et quoi que pussent dire les personnes qui examinaient la chose sérieusement, il resta toujours dans les esprits un soupçon, qu'il n'y avait que le temps qui pût le dissiper. Cela dépendait de ce qui arriverait au marquis de Précy, lequel était menacé de périr à la première occasion. Ainsi chacun regardait son sort comme le dénouement de la pièce. Mais il confirma bientôt tout ce dont on doutait ; car, dès qu'il fut guéri de sa maladie, les guerres civiles étant survenues, il voulut aller au combat de Saint-Antoine, quoique son père et sa mère, qui craignaient la prophétie, fissent tout ce qu'ils pussent pour l'en empêcher : il y fut tué, au grand regret de toute sa famille.

La mort de Carlostad fut accompagnée de circonstances effrayantes, selon les ministres de Bâle ses collègues, qui en rendirent témoignage alors. Ils racontent *(Mostrovius, p. 22)* qu'au dernier sermon que Carlostad prononça dans le temple de Bâle, un grand homme noir vint s'asseoir près du consul. Le prédicateur l'aperçut et en parut troublé. Au sortir de la chaire, il s'informa quel était l'inconnu qui avait pris place auprès du premier magistrat : personne que lui ne l'avait vu. Carlostad eut encore des nouvelles du spectre, lorsqu'il rentra dans son logis. L'homme noir y était allé et avait pris par les cheveux le plus jeune et le plus tendrement chéri de ses enfants. Après l'avoir ainsi soulevé de terre, il s'était mis en devoir de le laisser retomber pour lui casser la tête ; mais il se contenta d'ordonner à l'enfant d'avertir son père, que dans trois jours il reviendrait, et qu'il eût à se tenir prêt. L'enfant ayant raconté à son père ce qui lui avait été dit, jeta Carlostad dans l'épouvante. Il se mit au lit tout effrayé, et trois jours après il expira.

———

Xercès, roi de Perse, délibérant dans un conseil s'il porterait les armes contre la Grèce, en fut fort dissuadé par Artabane, son oncle paternel. Xercès s'offensa de sa liberté et lui dit des paroles fort désobligeantes. La nuit suivante il fit de sérieuses réflexions sur les raisons d'Artabane, et changea de résolution. S'étant endormi, il vit en songe un homme d'une taille et d'une beauté extraordinaire, qui lui dit : Vous avez donc renoncé au dessein de faire la guerre aux Grecs, quoique vous ayez déjà donné vos ordres aux chefs des Perses pour assembler votre armée ? Vous n'avez pas bien fait de changer de résolution ; quand vous n'auriez personne qui fût de votre sentiment, allez, croyez-moi, suivez-moi, suivez vos premiers desseins. Ayant dit cela, la vision disparut. Le lendemain il assembla de nouveau son conseil, et, sans parler du songe qu'il avait eu, il témoigna qu'il était fâché de ce qu'il avait dit dans sa colère le jour précédent à Artabane, son oncle ; déclara qu'il avait renoncé de faire la guerre aux Grecs : ceux de son conseil, ravis de joie, se prosternèrent en sa présence, et l'en félicitèrent.

La nuit suivante, il eut pour la seconde fois la même vision, et le même fantôme lui dit : Fils de Darius, tu as donc abandonné le dessein de déclarer la guerre aux Grecs, sans te mettre en peine de ce que je t'ai dit ? Saches que si tu n'entreprends pas incessamment cette expédition, tu seras bientôt réduit à une condition aussi basse, que celle où tu te trouves aujourd'hui est élevée. Aussitôt le roi se jette à bas du lit, et envoie en diligence quérir Artabane, à qui il raconte les deux songes qu'il avait eus les deux nuits de suite; il ajouta : Je vous prie de vous revêtir de mes ornements royaux, de vous asseoir sur mon trône, ensuite de vous coucher dans mon lit; si le fantôme qui m'a apparu, vous apparaît aussi, je croirai que la chose est ordonnée par les décrets des dieux, et je me rendrai à leurs ordres.

Artabane eut beau se défendre de se revêtir des ornements royaux, de s'asseoir sur le trône du roi et de se coucher dans son lit, alléguant que tout cela serait inutile, si les dieux avaient résolu de lui faire connaître leur volonté, que cela même serait capable d'irriter les dieux, comme si l'on voulait, par ces marques extérieures, leur faire illusion; qu'au reste les songes, par eux-mêmes, ne méritent aucune attention, et que, pour l'ordinaire, ils ne sont que des suites et des représentations de ce que l'on a eu plus fortement dans l'esprit pendant la veille.

Xercès ne se rendit point à ces raisons, et Artabane fit ce que le roi voulut, persuadé que si la même chose se présentait encore une fois, ce serait une preuve de la volonté des dieux, de la réalité de la vision et de la réalité du songe ; il se coucha donc dans le lit du roi, et le même fantôme lui apparut et lui dit : C'est donc toi qui empêche Xercès d'exécuter sa résolution et d'accomplir ce qui est arrêté par les destins? J'ai déclaré au roi ce qu'il doit craindre, s'il diffère d'obéir à mes ordres. En même temps il sembla à Artabane que le spectre voulait lui brûler les yeux avec un fer ardent. Aussitôt il sortit du lit et raconta à Xercès ce qui lui était apparu, ce qui lui avait été dit, et ajouta : Je change absolument d'avis, puisqu'il plaît aux dieux que nous fassions la guerre, et que les Grecs sont menacés de grands malheurs. Donnez vos ordres et faites toutes vos dispositions pour la guerre : ce qui fut aussitôt exécuté.

Un bon prêtre de la ville de Valogne, nommé M. Bézuel, étant prié à dîner, le 7 janvier 1708, chez une dame, parente de M. l'abbé de Saint-Pierre, avec cet abbé, leur conta, d'après leur désir, l'apparition d'un de ses camarades, qu'il avait eue en plein jour, il y avait douze ans.

En 1695, leur dit M. Bézuel, étant jeune

écolier d'environ quinze ans, je fis connaissance avec les deux enfants d'Abaquène, procureur, écoliers comme moi. L'aîné était de mon âge, le cadet avait dix-huit mois de moins , il s'appelait Desfontaines ; nous faisions nos promenades et toutes nos parties de plaisir ensemble. Et soit que Desfontaines eût plus d'amitié pour moi, soit qu'il fût plus gai , plus complaisant, plus spirituel que son frère, je l'aimais aussi davantage.

En 1696 , nous promenant tous deux dans le cloître des capucins, il me conta qu'il avait lu depuis peu une histoire de deux amis qui s'étaient promis que celui qui mourrait le premier viendrait dire des nouvelles de son état au vivant ; que le mort revint, et lui dit des choses surprenantes. Sur cela, Desfontaines me dit qu'il avait une grâce à me demander ; qu'il me la demandait instamment : c'était de lui faire une pareille promesse , et que, de son côté, il me la ferait ; je lui dis que je ne le voulais point. Il fut plusieurs fois à m'en parler et même très-sérieusement : je résistais toujours. Enfin, vers le mois d'août 1696, comme il devait partir pour aller étudier à Caen , il me pressa tant, les larmes aux yeux, que j'y consentis. Il tira dans le même moment deux petits papiers qu'il avait écrits, tout prêts, l'un signé de son sang, où il me promettait, en cas de mort, de me venir dire des nouvelles de son état, l'autre où je lui promettais pareille chose. Je me piquai au doigt, il en sortit une goutte de sang avec lequel je signai mon nom ; il fut ravi d'avoir mon billet, et, en m'embrassant, il me fit mille remercîments.

Quelque temps après, il partit avec son frère. Notre séparation nous causa bien du chagrin ; nous nous écrivions de temps en temps de nos nouvelles, et il n'y avait que six semaines que j'avais reçu de ses lettres, lorsqu'il m'arriva ce que je m'en vais conter.

Le 31 juillet 1697, un jeudi, il m'en souviendra toute ma vie, feu M. de Sorteville, auprès de qui je logeais, et qui avait eu de la bonté pour moi, me pria d'aller à un pré près des cordeliers, et d'aider à presser ses gens qui faisaient le foin. Je n'y fus pas un quart d'heure que vers les deux heures et demie je me sentis tout d'un coup étourdi et pris d'une faiblesse ; je m'appuyai en vain sur ma fourche à foin ; il fallut que je me misse sur un peu de foin, où je fus environ une demi-heure à reprendre mes esprits. Cela se passa ; mais comme jamais rien de semblable ne m'était arrivé, j'en fus surpris, et je craignis le commencement d'une maladie; il ne m'en resta cependant que peu d'impression le reste du jour; il est vrai que la nuit je dormis moins qu'à l'ordinaire.

Le lendemain à pareille heure, comme je menais au pré M. de Saint-Simon, petit-fils de M. de Sortoville, qui avait alors dix ans, je me trouvai, en chemin, attaqué d'une pareille faiblesse; je m'assis sur une pierre à l'ombre. Cela passa, et nous continuâmes notre chemin: il ne m'arriva rien de plus ce jour-là, et la nuit je ne dormis guère.

Enfin le lendemain, deuxième jour d'août, étant dans le grenier où on serrait le foin que l'on apportait du pré, précisément à la même heure, je fus pris d'un pareil étourdissement et d'une pareille faiblesse, mais plus grande que les autres. Je m'évanouis et perdis connaissance. Un des laquais s'en aperçut. On me demanda alors ce que j'avais, à quoi je répondis: J'ai vu ce que je n'aurais jamais cru; mais il ne me souvient ni de la demande ni de la réponse. Cela cependant s'accorde à ce qu'il me souvient avoir vu alors comme une personne nue à mi-corps, mais que je ne reconnus cependant point. On m'aida à descendre de l'échelle: je me tenais bien aux échelons; mais comme je vis Desfontaines, mon camarade, au bas de l'échelle, la faiblesse me reprit, ma tête s'en alla entre deux échelons, et je perdis encore connaissance. On me descendit, et on me mit sur une grosse poutre qui servait de siége sur la grande place des capucins : je n'y vis plus alors M. de Sortoville, ni ses domestiques, quoique présents ; mais apercevant Desfontaines au bas de l'échelle, qui me faisait signe de venir à lui, je me reculai sur mon siége, comme pour lui faire place, et ceux qui me voyaient, et que je ne voyais pas, quoique j'eusse les yeux ouverts, remarquèrent ce mouvement.

Comme il ne venait point, je me levai pour aller à lui : il s'avança vers moi, me prit le bras gauche de son bras droit, et me conduisit à trente pas de là, dans une rue écartée, me tenant ainsi accroché. Les domestiques, croyant que mon étourdissement était passé, et que j'allais à quelques nécessités, s'en allèrent chacun à leur besogne, excepté un petit laquais qui vint dire à M. de Sortoville que je parlais tout seul. M. de Sortoville crut que j'étais ivre ; il s'approcha, et m'entendit faire quelques questions et quelques réponses qu'il m'a dit depuis.

Je fus là près de trois quarts-d'heure à causer avec Desfontaines. Je vous ai promis, me dit-il, que si je mourais avant vous, je viendrais vous le dire. Je me noyai avant-hier à la rivière de Caen, à peu près à cette heure-ci ; j'étais à la promenade avec tels et tels; il faisait grand chaud, il nous prit envie de nous baigner, il me vint une faiblesse dans la rivière, et je tombai au fond. L'abbé de Ménil-Jean, mon camarade, plongea pour me reprendre, je saisis son pied; mais, soit qu'il eût peur que ce ne fût un saumon, parce que je le serrais bien fort, soit qu'il voulût promptement remonter sur l'eau, il secoua si rudement le jarret, qu'il me donna un grand coup sur la poitrine, et me jeta au fond de la rivière, qui est là fort profonde.

Desfontaines me conta ensuite tout ce qui leur était arrivé dans la promenade, et de quoi ils s'étaient entretenus. J'avais beau lui faire des questions s'il était sauvé, s'il était damné, s'il était en purgatoire, si j'étais en état de grâce, et si je le suivrais de près, il continua son discours comme s'il ne m'avait point entendu, et comme s'il n'eût point voulu m'entendre.

Je m'approchai plusieurs fois pour l'embrasser; mais il me parut que je n'embrassais rien : je sentais pourtant bien qu'il me tenait fortement par le bras, et que lorsque je tâchais de détourner ma tête pour ne le plus voir, parce que je ne le voyais qu'en m'affligeant, il me secouait le bras, comme pour m'obliger à le regarder et à l'écouter.

Il me parut toujours plus grand que je ne l'avais vu, et plus grand même qu'il n'était lors de sa mort, quoiqu'il eût grandi depuis dix-huit mois que nous ne nous étions vus ; je le vis toujours à mi-corps et nu, la tête nue, avec ses beaux cheveux blonds, et un écriteau blanc, entortillé de ses cheveux, sur son front, sur lequel il y avait de l'écriture, où je ne pus lire que ces mots : *In, etc.*

C'était son même son de voix ; il ne me parut ni gai ni triste, mais dans une situation calme et tranquille. Il me pria, quand son frère serait revenu, de lui dire certaines choses pour dire à son père et à sa mère ; il me pria de dire les sept Psaumes qu'il avait eus en pénitence le dimanche précédent, qu'il n'avait pas encore récités ; ensuite il me recommanda encore de parler à son frère, et puis me dit adieu, s'éloigna de moi en me disant : *jusques, jusques*, qui était le terme ordinaire dont il se servait quand nous nous quittions à la promenade pour aller chacun chez nous.

Il me dit que lorsqu'il se noyait, son frère, en écrivant une traduction, s'était repenti de l'avoir laissé aller sans l'accompagner, craignant quelques accidents : il me peignit si bien où il s'était noyé, et l'arbre de l'avenue de Louvigni où il avait écrit quelques mots, que deux ans après, me trouvant avec le feu chevalier de Golot, un de ceux qui étaient avec lui lorsqu'il se noya, je lui marquai l'endroit même, et qu'en comptant les arbres d'un certain côté, que Desfontaines m'avait spécifié, j'allai droit à l'arbre, et je trouvai son écriture : il me dit aussi que l'article des sept Psaumes était vrai, et qu'au sortir de confession, ils s'étaient dit leur pénitence ; son frère me dit depuis qu'il était vrai qu'à cette heure-là il écrivait sa version, et qu'il se reprocha de n'avoir pas accompagné son frère.

Comme je passai près d'un mois sans pouvoir faire ce que m'avait dit Desfontaines à l'égard de son frère, il m'apparut encore deux fois, ayant dîner, à une maison de campagne où j'étais allé dîner, à une lieue de là. Je me trouvai mal ; je dis qu'on me laissât, que ce n'était rien, que j'allais revenir : j'allai dans le coin du jardin. Desfontaines m'ayant apparu, il me fit des reproches de ce que je n'avais pas encore parlé à son frère, et m'entretint encore un quart d'heure sans vouloir répondre à mes questions,

En allant le matin à Notre-Dame de la Victoire, il m'apparut encore, mais pour moins de temps ; il me pressa beaucoup de parler à son frère , et me quitta en me disant toujours *jusques, jusques*, et sans vouloir répondre à mes questions.

C'est une chose remarquable que j'eus toujours une douleur à l'endroit du bras qu'il m'avait saisi la première fois, jusqu'à ce que j'eusse parlé à son frère : je fus trois jours que je ne dormais pas de l'étonnement où j'étais. Au sortir de la première conversation, je dis à M. de Varonville, mon voisin et mon camarade d'école, que Desfontaines avait été noyé , qu'il venait lui-même de m'apparaître et de me le dire : il s'en alla toujours courant chez les parents pour savoir si cela était vrai ; on en venait de recevoir la nouvelle ; mais, par un malentendu, il comprit que c'était l'aîné. Il m'assura qu'il avait lu la lettre de Desfontaines, et il le croyait ainsi ; je lui soutins toujours que cela ne pouvait pas être, et que Desfontaines lui-même m'était apparu : il retourna, revint, et me dit en pleurant : cela n'est que trop vrai.

Il ne m'est rien arrivé depuis, et voilà mon aventure au naturel : on l'a contée diversement ; mais je ne l'ai contée que comme je viens de vous le dire. Le feu chevalier de Gotot m'a dit que Desfontaines est aussi apparu à M. de Ménil-Jean. Mais je ne le connais pas ; il demeure à vingt lieues d'ici, du côté d'Argentan, et je ne puis rien dire de plus.

Voilà un récit bien singulier et bien circonstancié, rapporté par M. l'abbé de Saint-Pierre, qui n'est nullement crédule, dans le tome 4, page 7, de ses ouvrages politiques.

————

Deux Arcadiens, qui voyagaient ensemble, arrivèrent à Mégare, ville de la Grèce, située entre Athènes et Corinthe ; l'un, qui avait droit d'hospitalité dans la ville, logea chez son ami, et l'autre dans une hôtellerie. Après le souper, celui qui était chez son ami se retira pour se coucher ; dans le sommeil, il lui sembla que celui qui était à l'hôtellerie lui apparaissait, et le priait de le secourir, parce que l'hôtelier voulait le tuer. Sur-le-champ il se lève effrayé par le songe ; mais s'étant rassuré et rendormi, l'autre lui apparut de nouveau, et lui dit que puisqu'il n'avait pas eu la bonté de le secourir, du moins il ne laissât pas sa mort impunie ; que l'hôtelier, après l'avoir tué, avait caché son corps dans un chariot, et l'avait couvert de fumier, et qu'il ne manquât pas de se trouver le lendemain matin, à l'ouverture de la porte de la ville, avant que que le chariot sortît. Frappé de ce nouveau songe, il se rend de grand matin à la porte de la ville, voit le chariot, et demande à celui qui le menait ce qu'il avait sous ce fumier ; le charretier prit aussitôt la fuite, l'on tira le corps du chariot, et l'hôtelier fut arrêté et puni.

Cicéron rapporte ce fait. (*Cicero de divinatione.*)

Humbert-Birck, notable bourgeois de la ville d'Oppenhein, et maître d'une pension champêtre, nommée Berenbach, mourut au mois de novembre 1620, peu de jours avant la Saint-Martin. Le samedi qui suivit ses obsèques ; on commença d'ouïr certains bruits dans la maison où il avait demeuré avec sa première femme : car lorsqu'il mourut, il s'était remarié avec une autre femme.

Le maître de cette maison ; soupçonnant que c'était son beau-frère qui y venait ; lui dit : Si vous êtes Humbert, mon beau-frère, frappez trois fois contre la muraille. En même temps on ouït trois coups seulement, car, pour l'ordinaire, il frappait plusieurs coups. Il se faisait aussi quelquefois entendre à la fontaine où l'on allait puiser de l'eau, et effrayait tout le voisinage ; il ne proférait pas toutefois des paroles articulées ; mais il se faisait entendre par des coups redoublés, par du bruit, une palpitation, un gémissement, un coup de sifflet, ou par un cri comme une personne qui se lamentait. Tout cela dura pendant environ six mois, puis cessa tout-à-coup.

Au bout d'un an et peu après son anniversaire, il se fit entendre beaucoup plus fort qu'auparavant. Le maître de la maison et ses domestiques les plus hardis, lui demandèrent enfin ce qu'il souhaitait et en quoi on pourrait l'aider. Il répondit, mais d'une voix rauque et basse : Faites venir, pour samedi prochain, le curé avec mes enfants. Le curé étant incommodé, ne put s'y rendre au jour marqué ; mais il y vint le lundi suivant, accompagné de bon nombre de personnes.

On en avertit Humbert, qui répondit d'une manière fort intelligible. On lui demanda s'il demandait des messes : il en demanda trois ; s'il voulait qu'on fît des aumônes à son intention ; il dit : je souhaite qu'on donne aux pauvres huit mesures de grains ; que ma veuve donnera quelque chose à tous mes enfants. Il ordonna ensuite qu'on réformât ce qui avait été mal distribué dans sa succession, ce qui allait environ à vingt florins. On lui demanda pourquoi il infestait cette maison plutôt qu'une autre ; il répondit qu'il était forcé par des conjurations et des malédictions ; s'il avait reçu les saints sacrements de l'église : Je les ai reçus du curé votre prédécesseur. On lui fit dire le *pater* et l'*ave* : il les récita avec peine, disant qu'il en était empêché par un mauvais esprit, qui ne lui permettait pas de dire au curé beaucoup d'autres choses.

Le curé, qui était un prémontré de l'abbaye de Toussaints, vint au monastère le mardi 12 janvier 1621, afin de prendre l'avis du supérieur dans une affaire si singulière ; on lui donna trois religieux pour l'aider de leurs conseils. Ils se rendirent à la maison où Humbert continuait ses instances ; car on n'avait pas encore exécuté de ce qu'il avait demandé. Il s'y trouva un grand nombre de personnes des environs. Le maître du logis dit à Humbert de frapper la muraille ; il la frappa assez doucement ; il lui dit de nouveau : allez chercher une pierre, et frappez plus fort ; il différa un peu comme ayant été ramasser une pierre, et donna un coup plus fort sur la muraille ; le maître dit à l'oreille à son voisin, le plus bas qu'il put! Qu'il frappe sept fois, et aussitôt il frappe sept fois. Il témoigna toujours un grand respect pour les prêtres, et il ne leur répondait pas avec la même hardiesse qu'aux laïques. Comme on lui en demande la cause, c'est, dit-il, qu'ils ont avec eux le saint sacrement; ils ne l'avaient pas toutefois auparavant, que parce que ce jour là ils avaient dit la messe. Le lendemain on dit les trois messes qu'il avait demandées, et on se disposa aussi à faire un pélerinage qu'il avait spécifié dans le dernier entretien qu'ils eurent avec lui; on promit de faire les aumônes au premier jour. Depuis ce temps, Humbert ne revint plus.

———

Le 9 septembre 1625, un nommé Jean Steinlein mourut dans un lieu appelé Altheim, du diocèse de Constance. Steinlin était homme aisé et conseiller de la ville. Quelques jours après sa mort, il se fit voir pendant la nuit à un tailleur d'habits nommé Simon Bauh, sous la forme forme d'un homme environné d'une flamme sombre, et comme celle de soufre allumé, allant et venant dans sa propre maison, mais sans parler. Bauh, que ce spectacle inquiétait, résolut de lui demander ce qu'on pouvait faire pour son service. Il en trouva l'occasion le 17 novembre de la même année 1625 ; car comme il se reposait la nuit dans son poêle, un peu après onze heures du soir, il vit entrer dans sa chambre ce spectre environné de feu comme de soufre, allant et venant, fermant et ouvrant les fenêtres. Le tailleur lui demanda ce qu'il souhaitait : il répondit, d'une voix rauque et interrompue, qu'il pourrait l'aider s'il voulait ; mais, ajouta-t-il, ne me promettez pas, si vous n'êtes pas résolu d'exécuter vos promesses. Je les exécuterai, si elles ne passent pas mon pouvoir, répondit-il.

Je souhaite donc, reprit l'esprit, que vous fassiez dire une messe à la chapelle de la Vierge de Rotembourg ; je l'ai vouée pendant ma vie, et ne l'ai pas fait acquitter. De plus, vous ferez dire deux messes à Altheim, l'une des défunts, et l'autre de la Vierge ; et comme je n'ai pas toujours exactement payé mes domestiques, je souhaite que l'on distribue aux pauvres un quarteron de blé. Simon promit de satisfaire à tout. L'esprit lui tendit la main comme pour s'assurer de sa parole ; mais Simon, craignant qu'il ne lui en arrivât quelque chose, lui tendit le banc qui lui tomba sous la main, et le spectre l'ayant touché, y imprima la main avec les cinq doigts est ses jointures, comme si le feu y avait passé et y eût laissé une impression assez profonde! Après cela il s'évanouit avec un si grand bruit, qu'on l'entendit trois maisons plus loin.

Ce fait est rapporté par un Père prémontré de l'abbaye de Toussaints, dans la Forêt Noire.

Sur la fin de l'année 1746, on entendit comme des soupirs qui partaient du coin de l'imprimerie du sieur Lehart, un des conseillers de la ville de Constance. Les ouvriers de l'imprimerie n'en firent que rire au commencement; mais l'année suivante 1747, dans les premiers jours de janvier, on entendit plus de bruit qu'auparavant. On frappait rudement contre la muraille vers le même coin où l'on avait d'abord entendu quelques soupirs; on en vint même jusqu'à donner des soufflets aux imprimeurs, et à jeter leurs chapeaux par terre. Ils eurent recours aux capucins, qui vinrent avec les livres propres à exorciser l'esprit. L'exorcisme achevé, ils s'en retournèrent, et le bruit cessa pendant trois jours.

Au bout de ce terme, le bruit recommença plus fort qu'auparavant : l'esprit jeta les caractères de l'imprimerie contre les fenêtres. On fit

venir de dehors un exorciste fameux, qui exor-
cisa l'esprit pendant huit jours. Un jour l'esprit
donna un soufflet à un jeune ouvrier, et on vit
de nouveau les caractères de l'imprimerie jetés
contre les vîtres. L'exorciste étranger n'ayant
pu rien faire par ses exorcismes, s'en retourna
chez lui.

L'esprit continua son manège, donnant des
soufflets aux uns, jetant des pierres, et d'autres
choses aux autres ; ensorte que les compositeurs
furent obligés d'abandonner ce coin d'imprimerie. Ils se rangèrent au milieu de la chambre,
et n'y furent pas plus en repos.

On fit donc venir d'autres exorcistes, dont
l'un avait une particule de la vraie Croix qu'il
mit sur la table. L'esprit ne laissa pas d'inquiéter
à l'ordinaire des ouvriers de l'imprimerie, et de
souffleter si violemment le frère capucin qui
accompagnait l'exorciste, qu'ils furent tous deux
contraints de se retirer dans leur couvent. Il en
vint d'autres qui, ayant mêlé beaucoup de sable
et de cendre dans un sceau d'eau, bénirent l'eau,
et la jetèrent, par aspersion, dans toute l'imprimerie. Il répandirent aussi le sable et la cendre
sur le pavé, et s'étant munis d'épées, tous les
assistants commencèrent à frapper en l'air, à
droite et à gauche, par toute la chambre, pour

voir s'ils ne pourraient atteindre le revenant, et pour remarquer s'i llaisserait quelque vestige de ses pides sur le sable ou sur la cendre qui couvrait le pavé. On s'aperçut enfin qu'il était guindé sur le haut du fourneau, et on y remarqua sur les angles des vestiges de ses pieds et de ses mains, imprimés sur la cendre et sur le sable béni.

On vint à bout de le dénicher de là, et bientôt on s'aperçut qu'il s'était glissé sous la table, et avait laissé sur le pavé des marques de ses pieds et de ses mains. La grande poussière qui s'était élevée parmi tous ces mouvements dans la boutique, fit que chacun se dispersa, et qu'on cessa de le poursuivre. Mais le principal exorciste ayant arraché un ais de l'angle où le bruit s'était d'abord fait entendre, trouva, dans un trou de la muraille, des plumes, trois os enveloppés dans un linge sale, des pièces de verre et une aiguille de tête. Il bénit un feu qu'on alluma, et y fit jeter tout cela. Mais ce religieux était à peine rentré dans son couvent, qu'un ouvrier de l'imprimerie vint lui dire que l'aiguille de tête s'était d'elle-même tirée des flammes jusqu'à trois fois, et qu'un ouvrier qui tenait une pincette et qui remettait cette aiguille au feu, fût violemment frappé sur la joue. Les restes de ce qu'on avait trouvé ayant été transportés au couvent des capucins, y furent brûlés sans aucune résistance ; mais l'ouvrier qui les avait apportés, vit une femme toute nue dans la place publique et on ouït depuis ce jour-là et les jours suivants, comme de grands gémissements dans la place de Constance.

Quelques jours après, les infestations recommencèrent dans la maison de l'imprimeur ; le revenant donnant des soufflets, jetant des pierres, et molestant les domestiques en diverses manières. Le sieur Lahart, maître de la maison, reçut une blessure considérable à la tête ; deux ouvriers qui étaient couchés dans le même lit, furent renversés par terre ; de manière que la maison fut entièrement abandonnée pendant la nuit. Un jour de dimanche, une servante emportant quelque linges de la maison, fut attaquée à coups de pierres. Une autre fois deux ouvriers furent jetés à bas d'une échelle.

———

Dans l'île de Malte, deux cavaliers ayant apporté un esclave qui se vantait d'avoir le secret d'évoquer les démons, et de les obliger de découvrir les choses les plus cachées, ils le menèrent dans un vieux château, où l'on croyait qu'était cachés des trésors. L'esclave fit ses évocations, et enfin le démon ouvrit un rocher d'où sortit un coffre. L'esclave voulut s'en emparer ; mais le coffre rentra dans le rocher. La chose recommença plus d'une fois, et l'esclave, après de vains efforts, vint dire aux chevaliers ce qui lui était arrivé ; mais qu'il était tellement affaibli par les efforts qu'il avait faits, qu'il avait besoin d'un peu de liqueur pour se fortifier. On lui en donna, et quelque temps après ayant retourné, on ouït du bruit ; l'on alla dans la cave avec de la lumière pour voir ce qui était arrivé, et l'on trouva l'esclave étendu mort, et ayant sur toute sa chair comme des coups de canif représentant une croix. Il en était si chargé, qu'il n'y avait pas de quoi poser le doigt qui n'en fût marqué. Les chevaliers le portèrent au bord de la mer, et l'y précipitèrent avec une grosse pierre pendue au col.

Ce fait est raporté par M. le chevalier Guiot de Marre.

M. de S., jeune homme âgé de 24 à 25 ans, demeurant à Saint-Maur, en l'an 1706, après avoir entendu plusieurs fois, étant couché, donner de grands coups à sa porte, sans que sa servante, qui y courait aussitôt, trouvât personne, et tirer les rideaux de son lit, quoiqu'il n'y eût que lui dans sa chambre, le 22 mars de cette année, sur les onze heures du soir, étant à contrôler des rôles d'ouvrages dans son cabinet, avec trois jeunes garçons qui sont ses domestiques, ils entendirent tous, distinctement, feuilleter des papiers sur la table : le chat fut soupçonné de cet ouvrage ; mais le sieur de S. ayant pris un flambeau et cherché avec attention, ne trouva rien. S'étant mis au lit peu après, et ayant envoyé coucher ceux qui étaient avec lui, dans sa cuisine qui est à côté de sa chambre, il entendit encore le même bruit dans son cabinet : il se leva pour voir ce que c'était, et n'ayant rien trouvé, non plus que la première fois, il voulut en fermer la porte ; mais il y sentit quelque résistance : il entra donc pour voir d'où pouvait venir cet obstacle. Il entendit en même temps en l'air, vers le coin, comme un grand coup donné sur la muraille, ce qui lui fit faire un cri, auquel ses gens accoururent. Il tâcha de les rassurer, quoique effrayé lui-même, et n'ayant rien trouvé, il s'alla recoucher et s'endormit. A peine les garçons avaient éteint la lumière, que le sieur de S. fut réveillé subitement par une secousse telle que pourrait être celle d'un bateau

qui échouerait contre l'arche d'un pont : il en
fut si ému, qu'il appela ses domestiques, et
lorsqu'ils eurent apporté de la lumière, il fut
étrangement surpris de voir son lit déplacé au
moins de quatre pieds, et il connut que le choc
qu'il avait senti était celui qu'avait fait son lit
contre la muraille. Ses gens ayant replacé le lit,
virent, avec autant d'étonnement que de frayeur, tous les rideaux s'ouvrir au même temps,
et le lit courir vers la cheminée ; le sieur de S. se
leva aussitôt, et passa le reste de la nuit auprès du
feu. Sur les six heures du matin, ayant fait une
nouvelle tentative pour dormir, il ne fut pas
sitôt couché, que le lit fit le même mouvement
jusqu'à deux fois, en présence de ses gens qui
tenaient les quenouilles du lit pour l'empêcher
de se déplacer. Enfin, étant obligé de quitter la
partie, il s'alla promener jusqu'au dîner, après
lequel ayant essayé de se reposer, et son lit ayant
encore par deux fois changé de place, il envoya
querir un homme qui logeait dans la même
maison, tant pour se rassurer avec lui, que pour
le rendre témoin d'un fait si surprenant ; mais
la secousse qui se passa devant cet homme fut
si violente, que le pied gauche du chevet du lit
en fut cassé, ce qui le surprit si fort, qu'aux
offres qu'on lui fit de lui en faire voir une se-

conde il répondit que ce qu'il avait vu, avec le bruit effroyable qu'il avait entendu tout la nuit, lui étaient suffisants pour le convaincre de la vérité du fait.

Ce fut ainsi que la chose, qui était demeurée jusques-là entre le sieur de S. et ses domestiques, devint publique. Ce bruit s'étant répandu aussitôt, et étant venu aux oreilles d'un très-grand prince qui venait d'arriver à Saint-Maur, Son Altesse fut curieuse de s'en éclaircir, et se donna la peine d'examiner avec soin la qualité des faits qui lui furent rapportés. Comme cette aventure était le sujet de toutes les conversations, on n'entendit bientôt qu'histoires d'esprits rapportées par les plus crédules, et que plaisanteries de la part des esprits forts. Cependant le sieur de S. tâchait de se rassurer, pour se remettre la nuit suivante dans son lit, et se rendre digne de la conversation de l'esprit qu'il ne doutait pas qu'il n'eût quelque chose à lui dire. Il dormit jusqu'au lendemain neuf heures du matin, sans avoir senti autre chose que de petits soulèvements, comme si les matelas s'était élevés en l'air, ce qui n'avait servi qu'à le bercer et à provoquer son sommeil. Le lendemain se passe assez tranquillement; mais le 26, l'esprit, qui paraissait être devenu sage, reprit son hu-

meur badine, et commença le matin par faire
un grand bruit dans la cuisine. On lui aurait
pardonné ce jeu s'il en était demeuré là; mais
ce fut pis l'après-midi. Le sieur de S., qui avoue
qu'il se sentait un attrait particulier pour son cabinet, auquel pourtant il ne laissait pas de ré-
pugner, y étant entré sur les six heures, y fit
un tour jusqu'au fond, et revenant vers la porte
pour rentrer dans sa chambre, fut fort surpris
de la voir se fermer toute seule, et se barricader
avec les deux verroux. En même temps les deux
volets d'une grande armoire s'ouvrirent derrière
lui, et rendirent son cabinet un peu obscur,
parce que la fenêtre, qui était ouverte, se trouvait derrière l'un des volets.

Ce spectacle jeta le sieur de S. dans une frayeur plus aisée à imaginer qu'à décrire. Cependant il lui resta assez de sang-froid pour entendre à son oreille gauche une voix distincte qui
venait d'un coin du cabinet, et qui lui semblait
à un pied environ au-dessus de sa tête, laquelle
lui parla en fort bons termes pendant l'espace
d'un *miserere*, et lui ordonna, en le tutoyant,
de faire certaine chose, sur quoi elle lui recommanda le secret. Ce qu'il a publié, c'est qu'elle
lui a commandé d'aller en un endroit où il trouverait des gens qui l'instruiraient sur ce qu'il

devait faire, et qu'elle l'a menacé de revenir le tourmenter s'il manquait à lui obéir. Sa conversation finit par un adieu.

Après cela, le sieur de S. se souvient d'être tombé évanoui sur le bord d'un coffre, dont il a ressenti de la douleur dans le côté. Le grand bruit et les cris qu'il fit ensuite, firent accourir plusieurs personnes qui, ayant fait des efforts inutiles pour ouvrir les portes du cabinet, allaient l'enfoncer avec une hache, lorsqu'ils entendirent le sieur de S. se traîner vers la porte qu'il ouvrit avec beaucoup de peine. Dans le désordre où il parut et hors d'état de parler, on le porta près du feu, et ensuite sur son lit, où il éprouva toute la compassion du grand prince dont on a déjà parlé, qui accourut aux premiers bruits de cet événement. Son Altesse ayant fait visiter tous les coins et recoins de la maison, où l'on ne trouva personne, voulut faire saigner le sieur de S. Mais son chirurgien ne lui ayant point trouvé de pouls, ne crut pas qu'il le pût sans danger.

Lorsqu'il fut revenu de son évanouissement, Son Altesse, qui voulait découvrir la vérité, l'interrogea sur son aventure; mais elle n'apprit que les circonstances dont on a parlé, le sieur de S. lui ayant protesté qu'il ne pouvait, sans courir risque de la vie, lui en dire davantage.

L'esprit n'a point fait parler de lui pendant quinze jours; mais ce terme expiré, soit que ses ordres n'eussent pas été fidèlement exécutés, ou qu'il fût bien aise de venir remercier le sieur de S. de son exactitude, comme il était pendant la nuit couché dans un petit lit, près d'une fenêtre de sa chambre, madame sa mère dans un grand lit et un de ses amis dans un fauteuil près du feu, ils entendirent tous frapper plusieurs fois contre la muraille, et donner un si grand coup contre la fenêtre, qu'ils crurent toutes les vitres cassées. Le sieur de S. se leva dans le moment, et s'en alla dans son cabinet, pour voir si cet esprit importun aurait encore quelque chose à lui dire; mais n'y trouva ni n'entendit rien. C'est ainsi que finit cette aventure qui a tant fait de bruit, et qui a attiré à Saint-Maur tant de curieux.

En la ville de Beranson, c'est-à-dire Besançon, le troisième jour de décembre 1564, environ neuf heures du matin, faisant aussi beau temps, doux et aimable, et aussi beau soleil qui saurait être dans le monde, l'on vit en l'air une figure d'un homme, de la hauteur d'environ neuf lances, qui dit trois fois : Peuples, peuples, peu-

ples, amendez-vous, ou vous êtes à la fin de
vos jours, et ce advint un jour de marché, devant plus de dix mille personnes, et après ces
paroles, ladite figure s'en alla en une nue, comme se retirant droit au ciel. Une heure après ou
environ, le temps se va obscurcir tellement,
qu'à vingt lieues autour la ville, l'on ne voyait
ni ciel ni terre, non plus que de nuit, et le pauvre peuple ne se voyait point l'un l'autre, et il
y eut beaucoup de personnes qui moururent :
le pauvre monde se mit en prières, faisant des
processions, priant Dieu qu'il lui plût appaiser
le temps ; et les bonnes gens de village, qui venaient de vingt lieues autour apportant les enfants en la ville. Au bout de trois jours vint un
beau temps comme par-devant ; et après un petit
de temps, vint un vent plus cruel que jamais l'on
saurait voir au monde, qui dura environ une
heure et demie, et telle abondance d'eau, qu'il
semblait qu'on la jetait à pipes, avec un mer-
veilleux tremblement de terre, tellement que la
ville est fondue et abîmée, et du plat pays com-
prennant ladite ville, quatorze lieues de long et
dix de large, et n'est demeuré que le château
et un clocher, et trois maisons tout au milieu
de la ville, et on les voit en un rondeau de terre,
assises comme par-devant, et du côté de devers

le soleil levant ; l'on voit encore quelques portions de murailles de la ville et dans le clocher et le château ; du côté de devers un village qui se nomme de Guetz, on voit comme des enseignes et étendards qui pavollent, et n'y saurait-on aller, pareillement l'on ne sait ce que cela signifie, ou s'il y a quelques hommes dedans, ni qu'ils demandent. Et il n'y a homme qui regarde cela à qui les cheveux se dressent sur la tête ; car c'est une chose merveilleuse, effrayante et épouvantable à voir. Plusieurs personnes ont certifié ces choses, même ont été à l'empereur lui dire et annoncer toutes ces choses merveilleuses et épouvantables. L'empereur oyant toutes ces merveilleuses par un nommé M. de la Pile, M. de Courier, Jean Belon, Jean Rufin, Jean Maluen, Etienne Pelisson, Pierre Desgras ; Jean Bridault, Jean Pouligne, Thomas Besnier, et s'est grandement ébahi l'empereur et toute sa cour, et sont toutes les personnes ci-dessus nommées, d'un village nommé Penay et du village de Guetz.

Tellement que dudit village de Pany, qui était assez lointain de la ville de Besançon, comme à deux lieues où se fit ledit excès, les pauvres gens, de la peur qu'ils eurent du tremblement, il en mourut 11 seulement.

Théodore de Gaze avait dans la campagne une petite ferme qu'il fesait cultiver par un laboureur : comme il travaillait à labourer la terre, il découvrit un vase rond où étaient enfermées les cendres d'un mort : aussitôt il lui apparut un spectre qui lui commanda de remettre en terre le même vase avec ce qu'il contenait, sinon qu'il ferait mourir son fils aîné. Le laboureur ne tint compte de ces menaces, et peu de jours après, son fils aîné fut trouvé mort dans son lit. Peu de temps après le même spectre lui apparut, lui réitérant le même commandement, et menaça de faire mourir son second fils. Le laboureur avertit de tout ceci son maître Théodore de Gaze, qui vint lui-même en sa métairie, et fit remettre le tout en sa place.

Ce fait est rapporté par le Loyer.

En 1581 à Dalhem, village situé entre la Moselle et la Sarre, un nommé Pierron, pâtre de son village, homme marié, ayant un jeune garçon, conçut un amour violent pour une jeune fille de son village. Un jour qu'il était occupé de la pensée de cette jeune fille, elle lui apparut dans la campagne, ou le démon sous sa figure : Pierron lui découvrit sa passion ; elle promit d'y répondre à condition qu'il se livrerait à elle, et lui obéirait en toutes choses. Pierron y consentit, et consomma son abominable passion avec ce spectre. Quelque temps après, Abrahel, c'était le nom que prenait le démon, lui demanda pour gage de son amour qu'il lui sacrifiât son fils unique, et elle lui donna une pomme pour la faire manger à son enfant qui, en ayant goûté, tomba raide mort. Le père et la mère, au désespoir de ce funeste accident, se lamentent et sont inconsolables.

Abrahel paraît de nouveau au pasteur et promet de rendre la vie à l'enfant, si le père voulait lui demander cette grâce en lui rendant le culte d'adoration qui n'est dû qu'à Dieu. Le paysant se met à genoux, adore Abrahel, et aussitôt l'enfant commence à revivre : il ouvre les yeux ; on le réchauffe ; on lui frotte les membres, et enfin, il commence à marcher et à parler. Il était le même qu'auparavant, mais plus maigre, plus hâve, plus défait, les yeux battus et enfoncés ; ses mouvements étaient plus lents et embarrassés, son esprit plus pesant et plus stupide. Au bout d'un an, le démon qui l'animait, l'abandonna avec un grand bruit : le jeune homme tomba à la renverse ; son corps infecté et d'une puanteur insupportable, est tiré avec un croc hors la maison de son père, et enterré sans cérémonie dans un champ.

Cet événement fut rapporté à Nancy, et examiné par les magistrats qui s'informèrent exactement du fait, entendirent les témoins, et trouvèrent que la chose était telle qu'on vient de le dire. Ce rapport a été fourni par M. Nicolas Rémy, procureur-général de Lorraine.

Michel Mercati, Protonotaire du Saint Siége, homme d'une probité reconnue et fort habile surtout dans la philosophie de Platon, à laquelle il s'appliquait sans relâche avec Marsile Fiéin, son ami, aussi zélé que lui pour la doctrine de Platon. Un jour ces deux grands philosophes s'entretenaient de l'immortalité de l'âme, et si elle demeurait et existait après la mort du corps; après avoir beaucoup discouru sur cette matière, ils se promirent l'un à l'autre et se donnèrent les mains, que le premier d'entr'eux qui partirait de ce monde viendrait donner à l'autre des nouvelles de l'état de l'autre vie.

S'étant ainsi séparés, il arrive quelque temps après que le même Michel Mercati étant bien éveillé, et étudiant de grand matin les mêmes matières de philosophie, il entendit tout d'un coup comme le bruit d'un cavalier qui venait en grande hâte à sa porte, et en même temps il entendit la voix de son ami Marsile Ficin qui lui criait : « Michel ! Michel ! rien n'est plus vrai que « ce que l'on dit dans l'autre vie. » En même temps Michel ouvrit la fenêtre, et vit son ami Marsile monté sur un cheval blanc, qui se retirait en courant. Michel lui cria de s'arrêter ; mais il continua sa course, jusqu'à ce qu'il ne le vit plus.

Marsile Ficin demeurait alors à Florence, et y était mort à l'heure même qu'il était apparu et avait parlé à son ami Michel. Celui-ci écrivit aussitôt à Florence pour s'informer de la vérité du fait, et on lui répondit que Marsile était décédé au même moment que Michel avait entendu sa voix et le bruit de son cheval à sa porte.

Depuis cette aventure, Michel Mercati, quoiqu'auparavant il fût fort réglé dans sa conduite, fut changé en un autre homme, et vécut d'une manière tout-à-fait exemplaire, et comme un parfait modèle de la vie chrétienne

Le Cardinal Baronius rapporte ce fait. (*Baronius ad an. Christi* 401*, tome* 1*, Anal.*)

Un Soldat étant en garnison chez un paysan Haïdamaque, frontières d'Hongrie, vit entrer dans la maison, comme il était à table auprès du maître de la maison son hôte, un inconnu qui se mit à table avec eux. Le maître du logis en fut étrangement effrayé, de même que le reste de la compagnie. Le soldat ne savait qu'en juger, ignorant de quoi il était question. Mais le maître de la maison étant mort dès le lendemain, le soldat s'informa de ce que c'était. On lui dit que c'était le père de son hôte, mort et enterré depuis dix ans, qui s'était venu asseoir auprès de lui, et lui avait annoncé et causé la mort.

Le soldat en informa d'abord le régiment, et le régiment en donna avis aux officiers-généraux, qui donnèrent commission au compte de Cabreras, capitaine du régiment d'Alandetti infanterie, de faire information de ce fait. S'étant transporté sur les lieux avec d'autres officiers, un chirurgien et un auditeur, ils ouïrent les dépositions de tous les gens de la maison, qui attestèrent d'une manière uniforme que le revenant était père du maître du logis, et que tout ce que le soldat avait dit et rapporté, était dans l'exacte vérité; ce qui fut attesté par tous les habitants du village.

En conséquence on fit tirer de terre le corps de ce spectre, et on le trouva comme un homme qui vient d'expirer, et son sang comme celui d'un vivant. Le comte de Cabreras lui fit couper la tête, puis le fit remettre dans son tombeau.

Un jeune homme d'une très-grande condition, nommé Clarus, et qui fut dans la suite élevé à l'ordre de prêtrise, s'étant donné à Dieu dans un monastère, s'imagina d'avoir commercé avec les Anges, et comme on ne voulait pas l'en croire, il dit que la nuit suivante Dieu lui donnerait un habit blanc, avec lequel il paraîtrait au milieu d'eux. En effet, sur les minuit, tout le monastère fut comme agité de grands tremblements ; la cellule du jeune homme parut toute brillante de lumière, et on ouït comme le bruit de plusieurs personnes qui allaient, qui venaient et qui parlaient.

Après cela, étant sorti de sa cellule, il montra aux Frères la tunique dont il était couvert : c'était une étoffe d'une blancheur admirable, brillante comme la pourpre, d'une finesse si extraordinaire, qu'on avait jamais rien vu de semblable, et que personne ne pouvait dire de quelle matière elle était tissue.

On passa le restant de la nuit à chanter des psaumes en action de grâce : le matin on voulut le mener à Saint-Martin, il résista tant qu'il put, disant qu'on lui avait expressément défendu de paraître en sa présence. Comme on le pressait d'y venir, cette tunique disparut aux yeux des assistants ; ce qui fit juger que tout cela n'était qu'une illusion du démon.

Sulpice Sévère, dans la vie de Saint-Martin, rapporte cet événement, en parlant de personnes trompées par des apparitions du démon, qui se transformait en Ange de lumière. (*Sulpit. Serer., vitæ S'. Martin, caput 15.*)

Un savant de Dijon, après s'être fatigué tout le jour sur un endroit important d'un poète grec, sans y pouvoir rien comprendre, se couche tout rempli de sa difficulté. Durant son sommeil, son génie le transporte en esprit à Stockolm, l'introduit dans le palais de la reine Christine, le conduit dans la bibliothèque, et lui montre un petit volume qui était précisément celui qu'il cherchait : il ouvre, et y lit dix ou douze vers grecs, qui levaient absolument la difficulé qui l'avait arrêté si longtemps ; il s'éveille, et met sur le papier les vers qu'il a vus à Stockolm.

Le lendemain il écrivit à M. Descartes qui était alors en Suède, et le pria de voir, en tel endroit et dans tel *trumeau* de la bibliothèque, si le livre dont il lui envoie la description, s'y trouve et si les vers grecs qu'il lui envoie s'y lisent aussi.

M. Descartes lui répondit qu'il avait trouvé le livre en question et les vers qu'il lui avait envoyés, à l'endroit par lui indiqué ; qu'un de ses amis lui avait promis un exemplaire de cet ouvrage, et qu'il le lui enverrait par la première commodité.

———

Devant et après Pâques de l'année 1700, apparut en la maison de M. Vidi, receveur des tailles de Dourdans, un esprit qui commença à faire du bruit dans une chambre peu éloignée des autres, où l'on mettait les serviteurs malades ; la servante entendait quelquefois auprès d'elle pousser des soupirs semblables à ceux d'une personne qui souffre, et cependant ne voyait ni ne ressentait rien au lieu où elle était. Le malheur voulut qu'elle tombât malade ; on la garda pendant six mois dans cet état pour la faire panser. Lorsqu'elle fut convalescente, M. Vidi l'envoya chez son père pour reprendre son

air natal : elle y resta environ un mois, pendant
lequel temps elle ne vit ni n'entendit rien d'ex
traordinaire.

Etant revenue ensuite au logis en bonne santé
à la réserve d'une petite gratelle qui lui restait
de sa maladie, M. et Mme Vidi la firent coucher
à part dans une chambre proche d'eux. Elle se
plaignit d'avoir entendu du bruit dans cette
chambre, et deux ou trois jours après, étant
dans le bûcher où elle allait quérir du bois,
elle se sentit tirer par la jupe. L'après-dîner du
même jour, madame Vidi l'envoya au salut qui
se dit après Pâques, et lui recommanda de dire
à une demoiselle de lui venir parler. Lorsqu'elle
sortit de l'église, elle sentit que l'esprit la tirait
si fort par la jupe, qu'elle ne pouvait sortir.
Une heure après elle revint au logis, et entrant
dans la chambre de madame Vidi, elle fut si
fort tirée, que cette dame en entendit le bruit
et que toutes les deux remarquèrent, lorsqu'elle
fut entrée, que les basques de son corps, par
derrière, étaient hors de sa jupe, et une agraffe
en avait été rompue. La fille était alors emba-
rassée des deux mains. Madame Vidi voyant ce
prodige, en frémit de peur, et entra aussitôt
dans une anti-chambre, pour placer ce qu'elle
avait dans les mains. En sortant l'esprit la tira

encore bien fort : c'était un vendredi au soir. La nuit du dimanche au lundi, sitôt qu'elle fût couchée, elle entendit marcher dans sa chambre, et quelques temps après, l'esprit se coucha auprès d'elle, lui passant une main froide, comme pour l'essuyer et lui faire des caresses. Elle prit son chapelet, qui était dans sa poche, et le mit en travers de sa gorge. M. et madame Vidi lui avaient dit les jours précédents que si elle continuait à entendre quelque chose, elle conjurât l'esprit, de la part de Dieu, de s'expliquer à elle, ce qu'elle fit mentalement, la grande peur qu'elle avait lui ôtant l'usage de la parole. Elle entendit alors marmoter, sans qu'il y eût rien d'articulé. Vers les trois heures du matin, l'esprit fit si grand bruit, qu'il semblait que la maison fut tombée. Cela réveilla tout le monde; en même temps madame Vidi appela une femme de chambre pour aller voir ce que c'était, croyant que la servante avait fait ce bruit pour quelque peur qu'elle avait eue. On la trouva toute en eau ; on la fit habiller, à la réserve de ses bas, qu'elle ne put trouver. Elle vint en cet état dans la chambre de M. et madame Vidi, qui virent comme un brouillard ou grosse fumée qui la suivait et disparut un moment après. Elle leur fit le récit de ce qu'on vient de marquer. Ils lui dirent qu'il fallait se mettre en bon état, que sitôt que la messe de cinq heures sonnerait, qu'il fallait aller à confesse et communier. Elle fut pour chercher ses chausses, qu'elle ne put trouver. Sa maîtresse lui dit de chercher partout sur le fond du lit, ce qu'elle fit, mais elle les trouva dans la ruelle du lit, tout au haut de la tapisserie, et les fit tomber avec un long bâton. Elle trouva ses souliers sur la fenêtre, les deux bouts se regardent, et remarqua qu'une des fenêtres était ouverte. Lorsqu'elle eut rappelé ses sens, elle alla à confesse et communia. A son retour, M. Vidi lui demanda ce qu'elle avait fait. Elle lui dit que sitôt qu'elle fut à la sainte-table pour communier, elle vit sa mère à son côté, de la même façon qu'elle était au monde avant sa maladie, quoiqu'il y eût onze ans qu'elle était morte. Après la communion elle se retira dans une chapelle, où elle ne fut pas plutôt entrée, que sa mère se mit à genoux devant elle, et lui prit les main en lui disant : ma fille, n'ayez point peur, je suis votre mère. Votre frère fut brûlé par accident, pendant que j'étais au four-à-Ban d'Oisonville, proche d'Etampes. Je fus au même temps touver M. le curé de Garancières, qui vivait saintement, pour lui demander une pénitence, croyant qu'il y avait de ma faute à ce malheur. Il ne voulut pas m'en donner, disant que je n'étais pas coupable, et me renvoya à Chartres au pénitencier. Je l'allai trouver, et il refusa de même de m'en donner une ; mais comme il vit que je m'obstinais à en vouloir une, celle qu'il m'imposa fut de porter pendant deux ans une ceinture de crin, ce que je n'ai pu exécuter à cause de mes grossesses et maladies, étant morte enflée, sans l'avoir pu faire ; ne voulez-vous pas bien, ma fille, accomplir pour moi cette pénitence ? La fille le lui promit. La mère la chargea ensuite de jeûner au pain et à l'eau pendant quatre vendredis et samedis, qui restaient jusqu'à la fête de l'Ascension prochaine, de faire dire une messe à Gromerville, de payer au nommé Lanier, meûnier, vingt-six sous de fil qu'il lui avait vendu ; d'aller dans la cave de la maison où elle était morte, qu'elle y trouverait la somme de sept livres qu'elle y avait mise sous la troisième marche ; que si celui auqui la maison appartenait à présent ne voulait pas souffrir qu'elle y cherchât, qu'elle ne le forçât pas, n'en étant pas en peine ; qu'elle fit un voyage à Chartres à la bonne Notre-Dame, pour elle, et qu'elle lui parlerait encore une fois. Elle lui fit beaucoup de remontrances, lui disant qu'il fallait bien prier la Sainte-Vierge, que Dieu ne lui refusait rien ; que la pénitence de ce monde était bien aisée à faire, mais que celle de l'autre était bien rude.

Le lendemain elle lui fit dire une messe, pendant laquelle l'esprit lui tirait son chapelet. Le même jour il lui passa la main sur le bras, comme pour la flatter. Deux jours consécutifs elle le vit à côté d'elle proche le buffet, pendant que M. et madame Vidi soupaient, et le fantôme se retira pour faire place à un laquais, et voir si la fille se retirerait ; comme M. Vidi s'aperçut qu'elle s'était retirée assez loin, ayant le visage tout en eau, il lui fit signe pour savoir ce qu'elle avait. Elle lui dit qu'elle voyait sa mère ; et le lendemain, qu'il n'y avait pas tant de monde, elle montra à M. et madame Vidi qu'elle était à la même place ; mais ils ne voyaient rien. M. Vidi crut qu'il fallait la faire acquitter au plus tôt de ce dont sa mère l'avait chargée ; c'est pourquoi il l'envoya par la première commodité à Gromerville, où elle fit dire une messe, paya les 26 sous qui étaient effectivement dus, et trouva les 7 livres qui étaient sous la troisième marche de la cave, comme l'esprit l'avait marqué. De là elle fut à Chartres, où elle fit dire trois messes, fut à confesse et communia dans la chapelle-basse. En sortant, sa mère s'apparut encore à elle, lui disant : ma fille, ne voulez-vous pas bien faire ce que je vous ai dit ? La fille répondit qu'oui. En même temps elle lui dit : Je m'en décharge et vous en charge à ma place. Je vous dis adieu, ne me le dites pas ; je m'en vais à la gloire éternelle.

Depuis ce temps, la fille n'a rien vu ni entendu. Elle porta la ceinture de crin nuit et jour, ce qu'elle continua pendant les deux ans que sa mère lui a recommandé de le faire.

Dans le pays des Incas, ou Pérou, une fille nommée Catherine, mourut âgée de 16 ans, d'une mort malheureuse, et coupable de plusieurs sacrilèges. Son corps, immédiatement après son décès, se trouva tellement infecté, qu'il fallut le mettre hors du logis en plein air, pour se délivrer de la mauvaise odeur qui s'en exhalait. On entendit en même temps des hurlements comme de chiens ; et un cheval fort doux, commença à ruer, à s'agiter, à frapper des pieds, à rompre ses liens. Un jeune homme qui était couché, fut tiré du lit par le bras avec violence ; une servante reçut un coup de pied sur l'épaule, dont elle porta les marques pendant plusieurs jours. Tout ceci arriva avant que Catherine fût inhumée. Quelque temps après, plusieurs habitants du lieu virent une grande quantité de tuiles et de briques renversées avec grand fracas dans la maison où elle était décédée. La servante du logis fut traînée par le pied sans qu'il parût personne qui la touchât, et cela en la présence de sa maîtresse et de dix ou douze autres femmes. La même servante entrant dans une chambre pour prendre quelques habits, aperçut Catherine qui s'élevait pour saisir un vaisseau de terre : la fille se sauva aussitôt ; mais le spectre prit le vase, le jeta contre le mur, et le mit en mille pièces. La maîtresse étant accourue au bruit, vit qu'on jetait avec violence contre la muraille un quartier de brique. Le lendemain, une image du Crucifix collée contre le mur fut tout d'un coup arrachée en présence de tout le monde, et brisée en trois pièces.

Le mardi onze décembre 1646, en la rue Ste-Geneviève de Paris hors la porte St-Marceau, un nommé Mallebranche, marqueur de jeu de paume, sur le matin, environ quatre ou cinq heures, oyant quelque bruit, et ne sachant qui heurte à sa porte , ayant demandé qui c'était ,. une voix faible et débile lui répond que c'était sa femme, décédée depuis cinq ans , qui désirait parler à lui , et lui dire chose qui lui touchait , tant pour le salut de son âme, que pour le bien de son ménage , dont cet homme tout étonné , et ne sachant que répondre , demeure sans répartie , la voix reprend et lui dit : Eh quoi! ne connais-tu pas que je suis ta femme , qui parle à toi , et qui t'avertit que tu aies à faire pénitence , autrement tu périras.

Comme ces choses sont extraordinaires , et ne peuvent guères arriver sans que l'esprit se trouble , aussi celui-ci ne sut ce qu'il devint pour l'heure , et demeura fort étonné. Néanmoins , après quelqu'intervalle , il entend une voix qui lui parle en cette sorte : Il ne faut point t'étonner pour cela ; c'est ta femme qui te parle, qui est décédée depuis 5 ans , 3 mois et 10 jours, qui t'avertit qu'elle est en quelque peine dont tu as moyen de la tirer , si tu l'as jamais aimée , car elle est en une grande peine ; mais si tu vas à St-Cloud , et là fais prière pour elle et offres cinq chandelles pour le salut de son âme , tu l'allégerais de beaucoup.

Si l'étonnement fut grand à cet homme , il ne le faut pas demander ; néanmoins , après quelques contrastes qu'il eut en son âme, comme un homme qui est bien né, et qui ne tâche en toutes choses qu'à procurer le repos de l'âme de sa femme, il se porte à Saint-Cloud, où il fait les offrandes que sa défunte femme lui avait recommandées.

Etant de retour le soir et pensant être en repos pour avoir satisfait à ce qui lui avait été commandé pour la satisfaction de cette âme, il entend frapper à sa porte, et au même instant ayant demandé qui c'était, il entend la même voix qui lui dit : Qu'à la vérité elle avait reconnu qu'il l'aimait et fait cas d'elle, puisqu'il avait été à Saint-Cloud à son intention ; mais que ce n'était pas assez, et qu'il y fallait retourner encore une autre fois, et puis qu'elle serait en repos.

Le bruit de cette affaire s'écoule par la ville, et de telle façon que le vendredi on y fit venir deux capucins, comme gens simples et ne songeant qu'à la simplicité de la vie.

Eux voient, considèrent, regardent de près ce qui pouvait en être ; mais n'ayant autre certitude pour ce fait, ils conseillèrent à cet homme de ne plus retourner à Saint-Cloud, s'il n'avait d'autres avertissements plus grands, et que le diable pouvait tromper les âmes faibles là-dessus.

Cela ne laisse pas de continuer pourtant, et tous les matins cet homme ne manque point d'entendre frapper à sa porte, jusqu'enfin le dimanche suivant, ennuyé, faisant le sourd, il ouït une voix qui appelle et qui demande qui était au logis.

Lui ne veut point répondre, fait le sourd; mais le bruit ne laissant pas d'importuner à la porte, la femme de ce marqueur (qui est remarié en secondes nôces) demande : qui est là?

La voix lui répond, comme sortant d'un creux profond : C'est moi qui veut parler à mon mari; je sais bien que vous êtes sa femme de présent, mais je l'ai été avant vous, et ne suis pas marrie qu'après ma mort il vous ait prise; mais au reste, je veux lui dire qu'il ait à se châtier et à se reconnaître, et surtout à corriger ses mauvaises habitudes, et de s'empêcher de jurer plus le nom saint et sacré de Dieu, comme il a coutume de faire; qu'il vive en bon ménage avec toute sa famille et avec tous ses bons voisins; mais surtout qu'il ne tourmente point ses enfants et ne batte point sa femme, puisque Dieu a permis qu'il en ait une autre après moi.

Et outre ce, je lui recommande une chose : c'est qu'avant le jour des rois, qui sera bientôt, qu'il fasse faire un gâteau, et qu'il assemble tous les voisins pour en venir avoir leur part, et qu'on me laisse la mienne, parce que j'avais promis à mes voisins et voisines avant ma mort, de faire les rois avec eux, mais je ne pus, étant prévenue, morte; mais je désire qu'il le fasse maintenant, et après tout cela je serai en repos. Enfin que mon mari prie pour moi et je prierai pour lui, car je suis en grande peine.

Le dimanche suivant de décembre, on ne sait si c'est par le commandement de monseigneur le cardinal évêque de Paris; le soir un de MM. ses aumôniers y voulut aller coucher exprès, pour en considérer l'affaire, et prendre garde qu'il n'y eût point d'imposture. Mais quoi! comme la curiosité porte coutumièrement les hommes et surtout les Français, à vouloir voir toutes choses nouvelle, la maison se trouva toute pleine de gens qui abordèrent alors, et néanmoins n'oyant rien, parce que la voix se tut ce matin là, ou à cause de l'abondance du monde qui y était, ou autrement, sinon que le matin on ouït battre le tambour à la biscaye, sans savoir d'où en venait le bruit; et depuis on n'a rien ouï.

Un gentilhomme allemand, nommé Michel Louis, de la famille de Boubenhoren, ayant été envoyé assez jeune, par ses parents, à la cour du duc de Lorraine, pour apprendre la langue française, perdit au jeu de cartes tout son argent. Réduit au désespoir, il résolut de se livrer au démon, si ce mauvais esprit voulait ou pouvait lui donner de bon argent ; car il se doutait qu'il ne lui en donnerait que de faux et de mauvais. Comme il était occupé de cette pensée, tout d'un coup il vit paraître devant lui comme un jeune homme de son âge, bien fait, bien couvert, qui lui ayant demandé le sujet de son inquiétude, lui présenta sa main pleine d'argent, et lui dit d'épouver s'il était bon. Il lui dit de venir le retrouver le lendemain.

Michel retourna trouver ses compagnons qui jouaient encore, regagne tout l'argent qu'il avait perdu, et gagne tout celui de ses compagnons : puis il revient trouver son démon, qui lui demanda pour récompense trois gouttes de son sang, qu'il reçut dans une coquille de gland ; puis offrant une plume à Michel, il lui dit d'écrire ce qu'il lui dicterait. Il lui dicta quelques termes inconnus, qu'il fit écrire sur deux billets différents, dont l'un demeura au pouvoir du démon, et l'autre fut mis dans le bras de

Michel, au même endroit d'où le démon avait tiré du sang, et le démon lui dit : Je m'engage de vous servir pendant sept ans, au bout desquels vous m'appartiendrez sans réserve.

Le jeune homme y consentit, quoique avec horreur ; et le démon ne manquait pas de lui apparaître jour et nuit, sous diverses formes, et de lui inspirer diverses choses inconnues et curieuses, mais toujours tendantes au mal. Le terme fatal de sept années approchait, et le jeune homme avait alors vingt ans. Il revint chez son père. Le démon auquel il s'était donné, lui inspira d'empoisonner son père et sa mère, de mettre le feu à leur château, et de se tuer soi-même. Il essaya de commettre tous ces crimes : Dieu ne permit pas qu'il y réussît, le fusil dont il voulait se tuer ayant fait faute jusqu'à deux fois, et le venin n'ayant pas opéré sur ses père et mère.

Inquiet de plus en plus, il découvrit à quelques domestiques de son père le malheureux état où il se trouvait, et les pria de lui procurer quelques secours. Et en même temps le démon le saisit et lui tourna tout le corps en arrière, et peu s'en fallut qu'il ne lui rompît les os. Sa mère, qui était de l'hérésie de Suenfeld, et qui y avait engagé son fils, ne trouvant aucun secours contre le démon qui le possédait ou l'obsédait, fut contrainte de le mettre entre les mains de quelques religieux. Mais il s'en retira bintôt et s'enfuit à l'Islade, d'où il fut ramené à Molsheim, par son frère, chanoine de Wirsbourg, qui le remit entre les mains des P.P. de la société. C'est alors que le démon fit de plus violents efforts contre lui, lui apparaissant sous la forme d'animaux féroces. Un jour entr'autres le démon, sous la forme d'un homme sauvage et tout velu, jeta par terre une cédule ou pacte différent du vrai qu'il avait extorqué du jeune homme, pour tâcher, sous cette fausse apparence, de le tirer de mains de ceux qui le gardaient, et pour l'empêcher de faire sa confession générale. Enfin on prit jour au 20 octobre 1603, pour se trouver à la chapelle de Saint-Ignace, et y faire rapporter la véritable cédule, coutenant le pacte fait avec le démon. Le jeune homme y fit profession de la foi catolique et orthodoxe, renonça au démon, et reçut la sainte Eucharistie. Alors jetant des cris horribles, il dit qu'il voyait comme deux boucs d'une grandeur demesurée, qui ayant les deux pieds de devant en haut, tenaient entre leurs ongles, chacun de leur côté, l'une des cédules ou pactes. Mais dès qu'on eut commencé les exorcismes et invoqué le nom de Saint-Ignace, les deux boucs s'enfuirent, et il sortit du bras ou de la main gauche du jeune homme, presque sans douleur et sans laisser de cicatrice, le pacte qui tomba aux pieds de l'exorciste.

Il ne manquait plus que le second pacte, qui était resté au pouvoir du démon. On recommença les exorcismes ; on invoqua Saint-Ignace, et on promit de dire une messe en l'honneur du Saint. en même temps parut une grande Cigogne difforme, mal faite, qui laissa tomber cette seconde cédule, et on la trouva sur l'autel.

Le pape Paul V fit informer de la vérité de tous ces faits, par les commissaires députés, savoir M. Adam, suffragant de Strasbourg, et George, abbé d'Altorf, et un grand nombre d'autres témoins qui furent interrogés juridiquement, et qui assurèrent que la délivrance de ce jeune homme était due principalement, après Dieu, à l'intercession de Saint-Ignace.

On voit à Molsheim, dans la chapelle de St-Ignace dans l'église des pères jésuites, une inscription célèbre qui contient l'histoire de ce jeune gentilhomme allemand.

En un certain village de Moravie, une femme étant venue à mourir, munie de tous les sacrements, fut enterrée dans le cimetière, à la manière ordinaire. Quatre jours après son décès, les habitants du village ouïrent un grand bruit et un tumulte extraordinaire, et virent un spectre qui paraissait tantôt sous la forme d'un chien, tantôt sous celle d'un homme, non à une personne, mais à plusieurs, et leur causait de grandes douleurs, leur serrant la gorge et leur comprimant l'estomac, jusqu'à les suffoquer. Il leur brisait presque tout le corps, et les réduisait à une faiblesse extrême, ensorte qu'on les voyait pâles, maigres et exténués.

Le spectre attaquait même des animaux, et l'on a trouvé des vaches abattues et demi-mortes; quelquefois il les attachait l'une à l'autre par la queue. Ces animaux, par leurs mugissements, marquaient assez la douleur qu'ils ressentaient. On voyait les chevaux comme accablés de fatigue, tout en sueur, principalement sur le dos, échauffés, hors d'haleine, chargés d'écume comme après une longue course. Ces calamités durèrent plusieurs mois.

Il est fait mention de ce fait dans un petit ouvrage intitulé *Magia Posthuma*, composé par Charles Ferdinand de Schertz, imprimé à

Olmutz en 1706, dédié au prince Charles de Lorraine, évêque d'Olmutz et d'Osnabruch.

Un pâtre du village de Blow, près la ville de Kadam en Bohême, parut pendant quelque temps, et appelait certaines personnes, lesquelles ne manquaient pas de mourir dans la huitaine. Les paysans de Blow déterrèrent le corps de ce pâtre, et le fichèrent en terre avec un pieu qu'ils lui passèrent à travers le corps.

Cet homme en cet état se moquait de ceux qui lui faisaient souffrir ce traitement, et leur disait qu'ils avaient bonne grâce de lui donner ainsi un bâton pour se défendre contre les chiens. La même nuit il se releva, et effraya plusieurs personnes. On le livra ensuite au bourreau, qui le mit sur une charrette pour le transporter hors du village et l'y brûler. Ce cadavre heurlait comme un furieux, et remuait les pieds et les mains comme vivant, et lorsqu'on le perça de nouveau avec des pieux, il jeta de très-grands cris, et rendit du sang très-vermeil, en grande quantité. Enfin on le brûla, et cette exécution mit fin aux apparitions de ce spectre.

FIN.

Carpentras. — Impr. de L. DEFILLARIG.

www.ingramcontent.com/pod-product-compliance
Lightning Source LLC
LaVergne TN
LVHW020841200726
843508LV00003B/1033